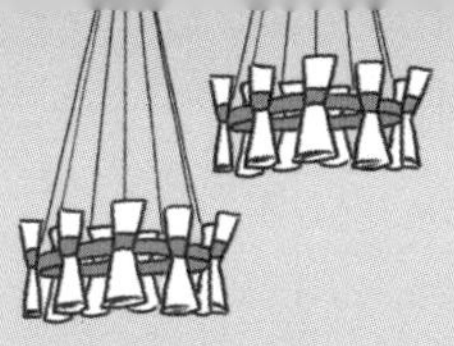

マイフィンランドルーティン100

插圖版

芬蘭旅行日常指南

REGATTA

Moi!

周末北歐部chika——著　王綺——譯

呼~~

前言

往返芬蘭超過十二年，身邊向我請教「芬蘭有哪裡好玩」的朋友也愈來愈多了。

愛北歐成痴的我，思索著要如何在芬蘭生活，最後決定「成為壽司師傅」並開始認真拜師學藝。朋友們應該是看到這樣的我而開始對芬蘭懷有期待，覺得「芬蘭好像擁有能擄獲人心的神祕魅力」。

雖然在這個時代，只要買本旅遊指南就能得到不少資訊，但也出現了熱烈要求「介紹你真正喜歡的地方給我！」的聲音。

這時，我會介紹「真正令我愛不釋手的事物」給他們。

如果是第一次去芬蘭的朋友，我會介紹三天就能走完，且會讓人愛上芬蘭的精華濃縮景點。

如果是第二次去，我會推薦能感受季節風情的玩法。

如果是去了三次以上的朋友，我就會告訴他「一般人不知道」的私藏深度旅遊景點。

HSL
HRT

我把這些「令我愛不釋手的事物」全都寫在這本《芬蘭旅行日常指南》裡了。

這本書滿載著我所喜愛的芬蘭的一切。

以「身體力行」為座右銘的我，依照芬蘭人和喜歡北歐的同好所給的建議，累積了無數的體驗。其中讓我喜歡到覺得「想一輩子持續下去」的事情都收錄在這裡。

如果這本書能引領初次前往芬蘭的人，
來一場不像第一次觀光的「深度旅遊」；
也能讓早已喜歡上芬蘭的人深感贊同，
透過本書共享對芬蘭的愛，我將感到非常榮幸。

希望本書能成為敲門磚，讓更多人發掘出屬於自己的芬蘭日常。

前往芬蘭的準備工作

決定去芬蘭之後，要先做這四件事。
在準備階段就可以想像這場旅行會是什麼樣子……！

購買機票

運氣好的話也許能在飛機上看到極光！
（雖然我還沒遇過）

- 上Expedia比較機票價格
  （這個網站也可以預訂機票）
- 搭乘芬蘭航空的話，在抵達前就能感受北歐氛圍
- 日本航空的飛機餐令人相當滿意，非常推薦
- 去程選「右側」機位，回程選「左側」機位，才有機會看到極光

使用網站

線上旅行社網站
Expedia
https://www.expedia.co.jp

芬蘭航空官方網站
Finnair
https://www.finnair.com/jp-ja

決定住宿

住飯店的好處是會附自助式早餐……！

- 上Expedia搜尋、預訂
- 如果要住赫爾辛基，中央車站步行可達範圍內的飯店較方便
- 可以來一場周邊飯店巡禮，吃遍各式各樣的早餐很有趣
- 也可以在Airbnb上租借住家或度假小屋
  （詳情參考P214）

使用網站

線上旅行社網站
Expedia
https://www.expedia.co.jp

可以租借住家或度假小屋
Airbnb
https://www.airbnb.jp

搜尋活動資訊

- 確認感興趣的活動資訊
- 尤其夏天，很多音樂節活動！
- 上City of Helsinki網站搜尋「flea markets」就能找到跳蚤市集舉辦日程。

使用網站

綜合觀光資訊
Visit Finland
https://www.visitfinland.com/ja/

活動相關資訊
Finland Festivals
http://www.festivals.fi

赫爾辛基相關資訊
City of Helsinki
https://www.hel.fi/helsinki/en

安排假期

- 赫爾辛基不大，大概三天能玩完。若有五～七天，也可以體驗入住度假小屋
- 可以透過Couchsurfing與當地人交流
  ＊事前查看評價，確認對方是否值得信賴
- 可以在Get Your Guide或Airbnb上搜尋活動

使用網站

為旅客設計的社交平台
Couchsurfing
https://www.couchsurfing.com

預約當地活動
Get Your Guide
https://www.getyourguide.jp

Airbnb
https://www.airbnb.jp

回國隔天也安排休假，沉浸在旅遊的餘韻裡

當時真開心哪～

去芬蘭要帶的東西

根據我的經驗，旅行必備品有這些！

裝進腰包隨身攜帶的東西

腰包

護照

手機

耳機

筆

相機

迴紋針
要取出SIM卡的時候用

信用卡、現金
現金只帶一點也OK

裝進行李箱的東西（全年）

記得預留放伴手禮的空間！

IKEA大袋子
用來裝伴手禮

iPad、PC
記錄在當地湧現的靈感

充電器

C型插頭
有兩到三個更方便

芬蘭文手指書
跟芬蘭人初次見面也能熱絡聊天

保養品
芬蘭溼度較低，容易乾燥

眼鏡

常備藥

化妝品

梳子、護髮乳

隱形眼鏡和盒子

電棒
要買能在國外使用的！

牙膏、牙刷

除臭噴霧

夾鏈密封袋
有的話會很方便

毛巾

睡衣
最好是平常穿習慣的！

泳衣
桑拿用

內衣褲、襪子

會讓芬蘭人開心的伴手禮

可以送給約好在當地見面，或在旅途中認識的芬蘭人。

KitKat巧克力抹茶口味
唯一推薦抹茶，受歡迎No.1！

Jagarico沙拉口味
這個味道似乎對芬蘭人非常有吸引力

Royce生巧克力
送給小麥過敏的朋友

氣泡日本酒
容易入口，大受好評

迷你酒樽
外觀很受歡迎！

罐裝啤酒
Asahi在芬蘭也有賣，送Kirin會更好

建議在當地購買的物品

摺疊傘
我現在用的是marimekko的

防曬乳

洗髮精、潤絲精
雖然很可愛但頭髮會毛燥，所以另外帶了護髮乳

洋裝、浴巾
在marimekko現場購買！

雪靴
芬蘭有很多保暖又防滑的靴子！

冬天需要額外攜帶的東西

Uniqlo HEATTECH系列
芬蘭沒有Uniqlo……！帶上發熱衣、發熱褲、褲襪會比較安心

羽絨衣
在當地買很貴，建議自備

手套

毛帽

赫爾辛基市中心地圖

往Hakaniemi
79 marimekko 總公司
84 Pääkaupunkiseudun Kierrätyskeskus
87 Hakaniemi Market Hall
市郊景點
47
Cafe Kuusijärvi
從赫爾辛基搭巴士約 30 分鐘。位於萬塔。
往 Suomenlinna 的渡輪乘船處
往Suomenlinna
56
往Löyly Helsinki
64
5
19
82
11-1
26-12
13
71
90
11-2
37
69
29
10
81
31
77-2
77-1
16
38
85-1
85-2
77-3
3
50
49-12
77-4
22
88
97
23
30
34
20
77-5
59
89
91
1
14
9-2
93
86
4
65
62
73
6
61

赫爾辛基市中心區

- 1 Soppakeittiö
- 3 22 23 Market Square
- 5 ROBERT'S COFFEE
- 6 Kaffa Roastery
- 8 Konstan Möljä
- 9-❷ Sushibar + Wine
- 10 Singapore Hot Wok
- 11-❶ HESBURGER
- 11-❷ BLACK GRILL & CAFE
- 13 90 S-market
- 14 EKBERG
- 16 Ravintola Factory Aleksi
- 19 Cafe Cao
- 20 Kappeli
- 26-❶ Aseman Wursti
- 26-❷ Minuuttibaari
- 29 Ravintola Teerenpeli
- 30 Ateljee Bar
- 31 Alko
- 34 89 91 STOCKMANN
- 37 69 赫爾辛基中央車站
- 38 赫爾辛基大教堂
- 48 Finnkino Tennispalatsi
- 49-❶ Akateeminen Kirjakauppa
- 49-❷ Cafe Aalto
- 50 Levykauppa Keltainen Jäänsärkijä
- 59 Tokyokan
- 61 Kaivopuisto
- 62 Ravintola Kamome
- 64 Oodi
- 71 K supermarket
- 73 Anton & Anton
- 77-❶ Marimekko Forum
- 77-❷ Marimekko Kamppi
- 77-❸ Marimekko Aleksinkulma
- 77-❹ Marimekko Esplanadi
- 77-❺ Marimekko Stockmann Helsinki
- 81 Karhu Concept Store
- 82 Kiasma
- 85-❶ Scandinavian Outdoor
- 85-❷ Partioaitta
- 86 Fasaani Antiikki Helsinki
- 88 97 iittala Store
- 93 Chez Marius

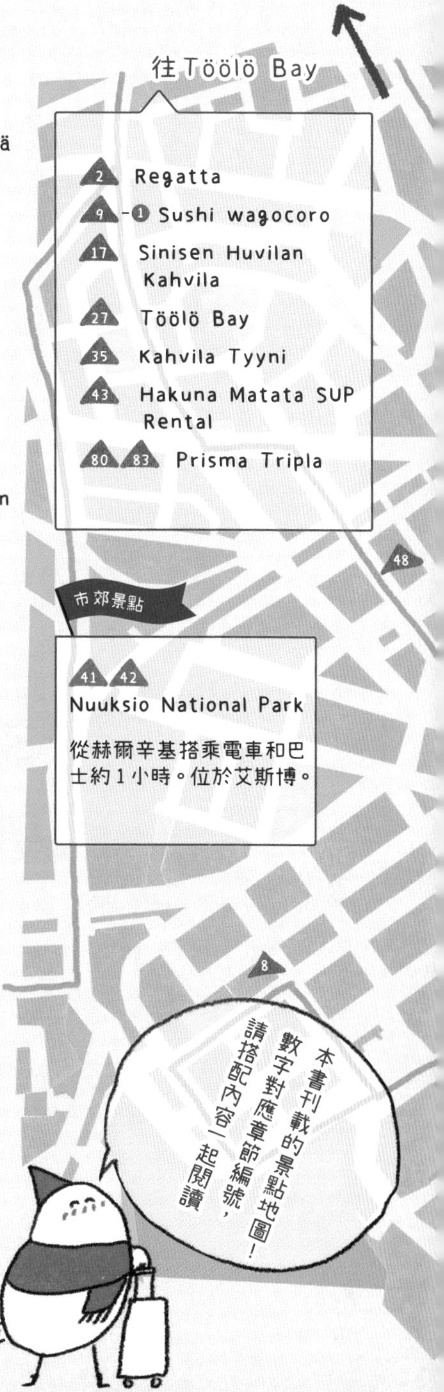

往Töölö Bay
2 Regatta
9-❶ Sushi wagocoro
17 Sinisen Huvilan Kahvila
27 Töölö Bay
35 Kahvila Tyyni
43 Hakuna Matata SUP Rental
80 83 Prisma Tripla
48
市郊景點
41 42
Nuuksio National Park
從赫爾辛基搭乘電車和巴士約1小時。位於艾斯博。
8
本書刊載的景點地圖！數字對應章節編號，請搭配內容一起閱讀

目次

前言 4
前往芬蘭的準備工作 6
去芬蘭要帶的東西 7
赫爾辛基市中心地圖 8

Part 1 吃

1/100 到海邊的市場吃海鮮 14
2/100 在心愛的湖畔咖啡廳吃早餐 16
3/100 邊防範海鷗搶食邊享用拼盤午餐 18
4/100 絕品鮭魚湯給人滿滿幸福感 20
5/100 品嘗比臉還大的肉桂捲 22
6/100 來喝一杯「日常咖啡」 26
7/100 用豌豆湯溫暖心靈 28
8/100 去吃最正宗的芬蘭料理自助餐 30
9/100 在芬蘭吃壽司 32
10/100 午餐享用CP值超高的亞洲料理 34
11/100 品嘗超受歡迎的漢堡 36
12/100 品嘗招牌早餐「甜粥」 38
13/100 買超市的平價麵包回去吃 40
14/100 品嘗魯內貝里蛋糕 42
15/100 購買或自製夏季特色料理「鯡魚拌芥末」 44
16/100 吃當地上班族最愛的自助餐 46

Part 3 玩

36/100 搭乘芬蘭航空 88
37/100 在赫爾辛基中央車站感受芬蘭的氣氛 90
38/100 去赫爾辛基大教堂打個招呼 92
39/100 租借公寓 94
40/100 自己動手做早餐 96
41/100 在湖畔享用自製的露營料理 98
42/100 用白樺木製作湯匙 100
43/100 出海玩立式划槳（SUP） 102

Column

1 如何製作芬蘭肉桂捲 24
2 在家自己做芬蘭招牌料理 60
3 和芬蘭人交朋友 84
4 一個神奇的芬蘭單字 152
製作芬蘭傳統裝飾「Himmeli」 153
5 利用Airbnb，來一場定居芬蘭般的旅行 214

靜靜等候…

17/100 造訪只在夏季現身的夢幻咖啡廳 48
18/100 享受耶誕節的主菜「火腿」 50
19/100 前往位於地下道最深處的咖啡店 52
20/100 安排一天到歷史悠久的餐廳享用晚餐 54
21/100 喝杯溫暖的莓果甜湯 55
22/100 到市場吃藍莓 56
23/100 享用超大盤炸歐白鮭 57
24/100 品嘗芬蘭的洋芋片 58
25/100 品嘗讓冰品迷愛不釋手的冰淇淋 59

Part 2 喝

26/100 在赫爾辛基中央車站一個人站著喝酒 64
27/100 以藍莓為下酒菜在湖邊小酌 66
28/100 品嘗甘草伏特加 68
29/100 白天到一個人也能進去的精釀啤酒店喝酒 70
30/100 在飯店酒吧享用現做的琴通寧調酒 72
31/100 到酒類專賣店買北歐酒 74
32/100 一個人參加啤酒節 76
33/100 在超市購買大量的啤酒，舉辦品酒派對 78
34/100 逛逛百貨公司地下街的啤酒和汽水賣場 81
35/100 前往湖畔的晨間啤酒咖啡廳 82

喀嚓…

44/100 窩在租來的小屋裡好幾天 104
45/100 在湖畔享用三明治 106
46/100 在桑拿烤香腸 108
47/100 做完桑拿後跳進結凍的湖裡 110
48/100 去電影院看電影 112
49/100 到書店咖啡廳享受悠閒時光 114
50/100 到唱片行買CD 116
51/100 來一場沒有目的的巴士之旅 118
52/100 參加當地的音樂節 120
53/100 在燭光下喝咖啡 122
54/100 和耶誕市集談場戀愛 124
55/100 烤芬蘭耶誕風車酥 126
56/100 到附近的小島野餐 128
57/100 從渡輪上眺望赫爾辛基的街道 130
58/100 搭乘無聲的電車 132
59/100 親手做日本料理招待當地人 134
60/100 參加重金屬音樂祭 136
61/100 和當地人一起歡慶五一節（VAPPU） 138
62/100 前往《海鷗食堂》取景地 140
63/100 試試新年占卜 142
64/100 在世界第一的圖書館找到屬於自己的頭等席 144
65/100 把桑拿當作新年參拜 146
66/100 像當地人一樣到處閒晃 148
67/100 搭乘公車，融入當地 149
68/100 騎著電動滑板車在城市中自由奔馳 150
69/100 約在吊燈下碰面 151

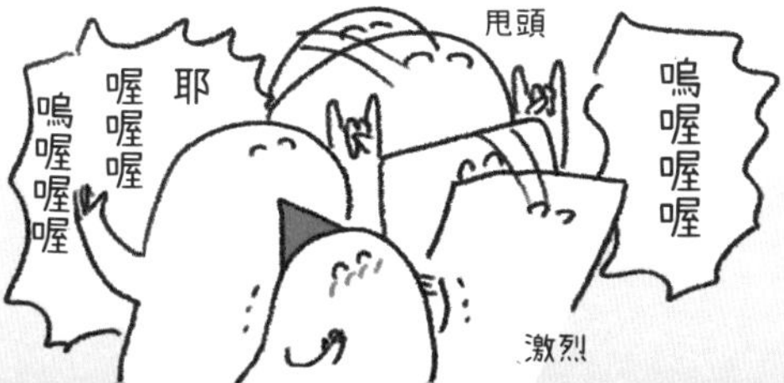

嗚喔喔喔
甩頭
耶
喔喔喔
嗚喔喔喔
激烈

Part 4 買

70/100 在便利商店買零食 156
71/100 到超市買熟食 158
72/100 在度假小屋裡打造食品庫 160
73/100 前往時髦的有機食品店 162
74/100 成為芬蘭甜芥末的忠實粉絲 164
75/100 在超市隨意選購看起來很好吃的冰品 166
76/100 購買無敵好吃的松露巧克力 168
77/100 五間marimekko店鋪巡禮 170
78/100 蒐集marimekko的毛巾 172
79/100 在marimekko outlet瘋狂購物 174
80/100 購買marimekko的包裝用品 176
81/100 在芬蘭買靴子 178
82/100 在美術館購買奇妙的文創商品 180
83/100 買芬蘭的桌遊 182
84/100 在二手商店尋找命運的邂逅 184
85/100 逛逛北歐的戶外用品店 186
86/100 尋找北歐古董 188
87/100 到跳蚤市集挖掘稀有的北歐小物 190
88/100 戀上夢幻的北歐餐具 192
89/100 購買FISKARS的剪刀 194
90/100 蒐集環保購物袋 196
91/100 到百貨公司物色桑拿用品 198
92/100 購買大量的洗手乳 200
93/100 到廚房用品店逛逛 202
94/100 大量購買最具代表性的芬蘭巧克力 204
95/100 購買香草和香料 206
96/100 伴手禮就買嚕嚕米的點心盒 208
97/100 購買限定款嚕嚕米馬克杯當紀念品 210
98/100 購買烘焙用巧克力 211
99/100 用可可粉製作熱巧克力 212
100/100 購買嚕嚕米的木糖醇系列商品 213

芬蘭情報
關於芬蘭 217
芬蘭語 218
芬蘭旅行常用APP／關於Wi-Fi 220
如果遇到突發狀況…… 221
結語 222

天堂!?

※本書所刊載的資訊皆為2021年8月當下的資訊。

Part 1

吃

為了不讓料掉出來
用紙捲起來這一點
也很可愛呢
的確⋯⋯！
吃得到馬鈴薯
的口感，很棒吧！

港邊的市場裡有一間我心愛的湯品店

赫爾辛基最古早的室內市場大廳…
這雜亂無章的市場中有間我吃了超過十年的湯品店，叫做Soppakeittiö
今天我也雀躍地哼著歌走進市場，前往那間小小的湯品店
哼哼
唱唱

點完餐後，我拿了擺在櫃台旁的羅勒醬，找座位坐下
今天就坐吧台吧

每個座位都放了一籃剛烤好的麵包，麵包有兩種
等待上菜時可以把麵包撕成小小塊沾著羅勒醬吃，我很喜歡這段等待時間

終於，放了北歐鮭魚、蝦仁、淡菜，
料多實在的海鮮湯上桌了
全世界我最喜歡的湯…
分量十足，
比起喝，更像「吃」
不論酷暑或寒冬，
這碗湯都能讓我的心靈大感滿足

把浮在正中央的蒜泥美乃滋
攪進湯裡喝…
好好喝～～
沁人心脾～
沁人心脾啊～
就是這一味～！嘗到這個不論過了幾年
都能讓我展露笑顏的味道，
為什麼會如此令人喜悅呢

赫爾辛基的湖邊坐落著一間我心愛的咖啡廳

這間店的名字叫Regatta，
紅色小屋是它的註冊商標
芬蘭式冒險精神
體現在這間咖啡廳的每個角落
REGATTA

店裡到處擺著奇怪的東西
天花板吊掛著
滑雪鞋……
Moi！
（你好）
Moi！
（你好）

店門外有柴火，
可以買香腸
自己烤來吃
劈啪
劈啪
跟店家借的
毛毯

享用過咖啡、肉桂捲、藍莓派
這三樣必吃美食，
我的芬蘭之旅才算完整…
剛出爐的肉桂捲
（korvapuusti）
滿滿鮮奶油的溼潤藍莓派
（mustikkapiirakka）
大杯咖啡
（kahvi）
早上九點左右，
悠閒地坐在人潮尚未聚集
的店裡望向窗外，
總有種懷念的感覺
彷彿很久以前
就已經知道這個地方…
這裡
就是會讓人產生這種感覺呢
咖啡續杯不僅免費，
再次續杯不知道為什麼
還可以多拿到五歐分
Kiitos!（感謝你！）
Ki…
Kiitos！
（感謝你！）
令人不解的規則
個性派咖啡店是濃縮了
芬蘭美好之處的特別所在

來到市場一定要吃豐盛拼盤

這裡是Market Square
這個市場位於海邊，
販售許多工藝品和新鮮蔬菜，
賣食物的路邊攤林立，
一整年都人聲鼎沸
歐白鮭
鮭魚
芬蘭香腸
想吃的東西太多了⋯！

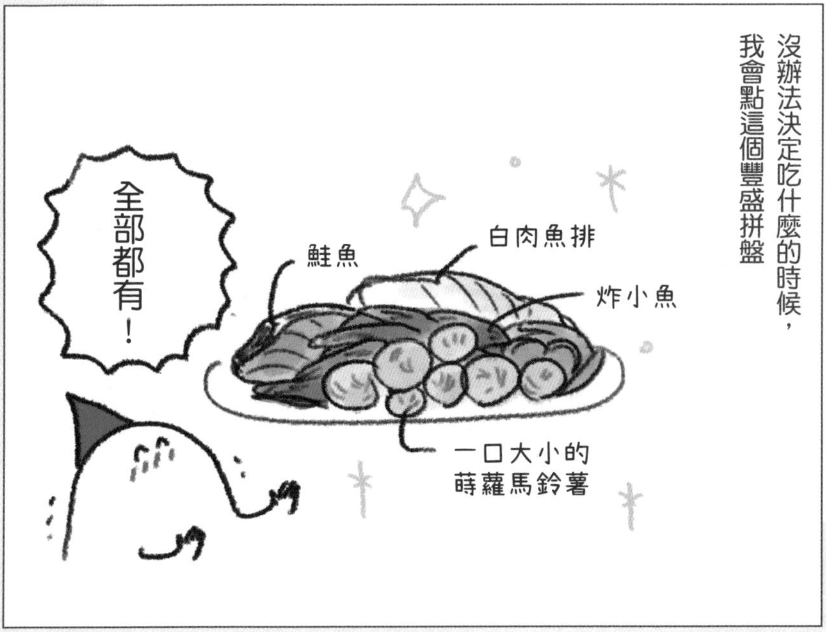
沒辦法決定吃什麼的時候，
我會點這個豐盛拼盤
白肉魚排
炸小魚
鮭魚
一口大小的
蒔蘿馬鈴薯
全部都有！

鮭魚的美味不用說，
隨附的球狀馬鈴薯鬆鬆軟軟，
也非常好吃…
充滿蒔蘿的香味，
好好吃…！
不只我喜歡這個拼盤
給我吃啦
給我吃
芬蘭的大海鷗
每一次都對我的食物虎視眈眈
某一年，海鷗在我端著拼盤時
成功搶走了鮭魚
我拿走啦
咻
享用豐盛拼盤的同時，
還要防範愛吃拼盤的海鷗搶食，
充滿了冒險的樂趣

我喜歡在桑拿享用絕品鮭魚湯

說到芬蘭，就會想到鮭魚湯
而我心中最好吃的鮭魚湯，
就在赫爾辛基……
沒錯，就在這間桑拿裡面！

這裡是Löyly Helsinki……
雖然位於赫爾辛基，
但也可以體驗到正宗桑拿
桑拿後側可以
直接跳進海裡！

造訪附設於桑拿後方的餐廳
是我的私房樂趣
（歡迎光臨）
Terve！
（你好）
Moi！

我喜歡在等待鮭魚湯的時候，
一邊看海
一邊喝蘋果酒
蘋果酒味道清爽，
很適合午餐時間

鮭魚湯終於上桌了…!
附送黑麥麵包
這碗鮭魚湯裡放了
滿滿的煙燻鮭魚

在露天座位一邊感受著微風吹拂，
一邊津津有味地享用鮭魚湯
因為料實在太多，
根本是用「吃」的
好好吃~~~
桑拿與湯…
是我個人很喜歡的搭配

我很喜歡芬蘭的咖啡店「ROBERT'S COFFEE」

ROBERT'S COFFEE是芬蘭最具代表性的
連鎖咖啡店
ROBERT'S COFFEE
早晨的通勤時間會有許多人光顧
深受在地人愛戴

我會根據心情選擇黑咖啡或卡布奇諾，
帶著咖啡一起在城市裡散步或搭電車旅行
綠色杯子
是它的招牌！
走路走累時，
進到位於海邊市場的木造店鋪，
悠哉地喝個咖啡也很棒⋯⋯
COFFEE®

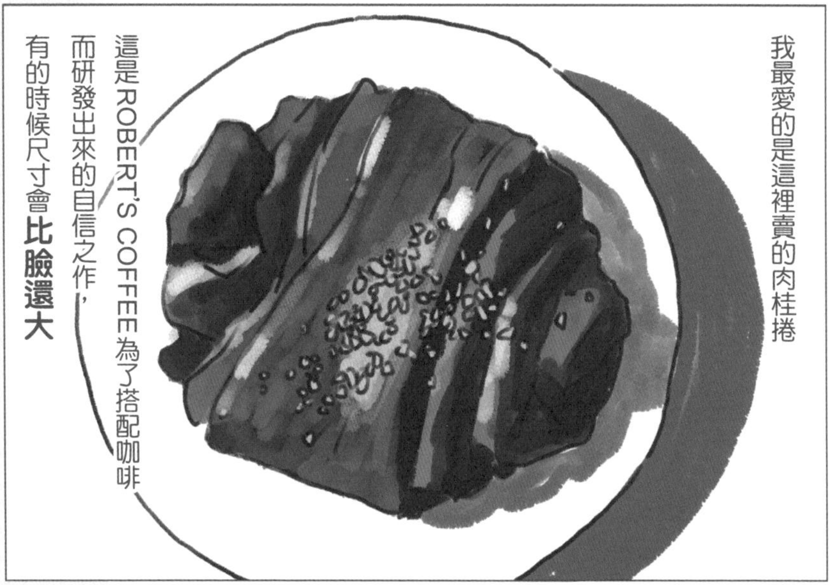
我最愛的是這裡賣的肉桂捲
這是ROBERT'S COFFEE為了搭配咖啡
而研發出來的自信之作，
有的時候尺寸會**比臉還大**

充滿小荳蔻香的香脆麵團中
包裹著滿滿的肉桂餡，
口感硬脆的珍珠糖也很加分…
就是這一味~
香香脆脆
鬆鬆軟軟
黏黏糊糊
口味就是不標新立異、
經典的芬蘭肉桂捲！
我認為這裡的肉桂捲和咖啡是最搭的
吃不完的時候
就把一部分帶回去當明天的早餐

Column 1

如何製作芬蘭肉桂捲

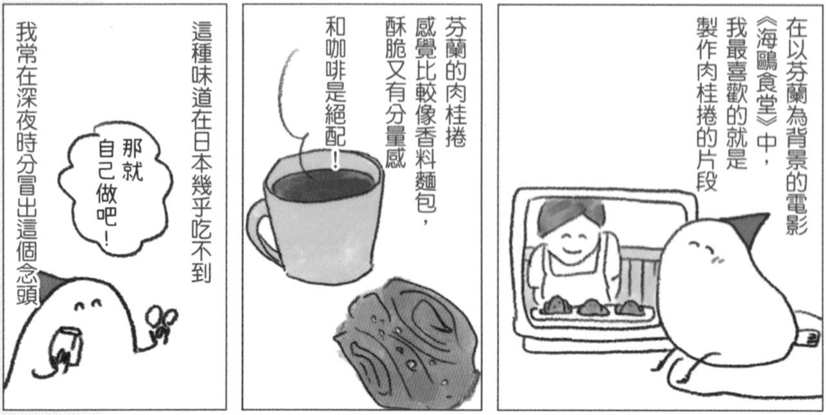
在以芬蘭為背景的電影《海鷗食堂》中，
我最喜歡的就是
製作肉桂捲的片段
芬蘭的肉桂捲
感覺比較像香料麵包，
酥脆又有分量感
和咖啡是絕配！
這種味道在日本幾乎吃不到
我常在深夜時分冒出這個念頭
那就自己做吧！

製作方法其實很簡單
發酵時間只需三十分鐘，
很快就能完成

食材（9個）

●麵團

高筋麵粉…250g

低筋麵粉…50g

鹽…1小匙

雞蛋…1/2顆

奶油…30g

牛奶…180ml

A
- 砂糖…35g
- 小荳蔻…1小匙
- 乾酵母…5g

●內餡

奶油…適量

肉桂糖…適量

●裝飾、刷光澤用

蛋黃…1/2顆

珍珠糖…適量

SUGAR

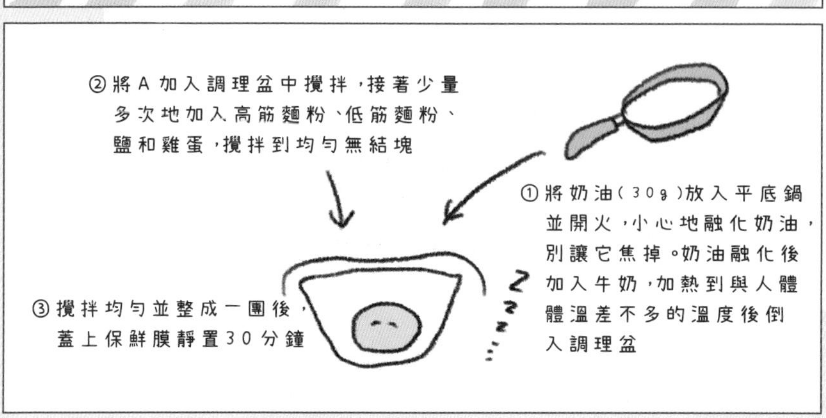
①將奶油（30g）放入平底鍋並開火，小心地融化奶油，別讓它焦掉。奶油融化後加入牛奶，加熱到與人體體溫差不多的溫度後倒入調理盆
②將A加入調理盆中攪拌，接著少量多次地加入高筋麵粉、低筋麵粉、鹽和雞蛋，攪拌到均勻無結塊
③攪拌均勻並整成一團後，蓋上保鮮膜靜置30分鐘
Z Z Z

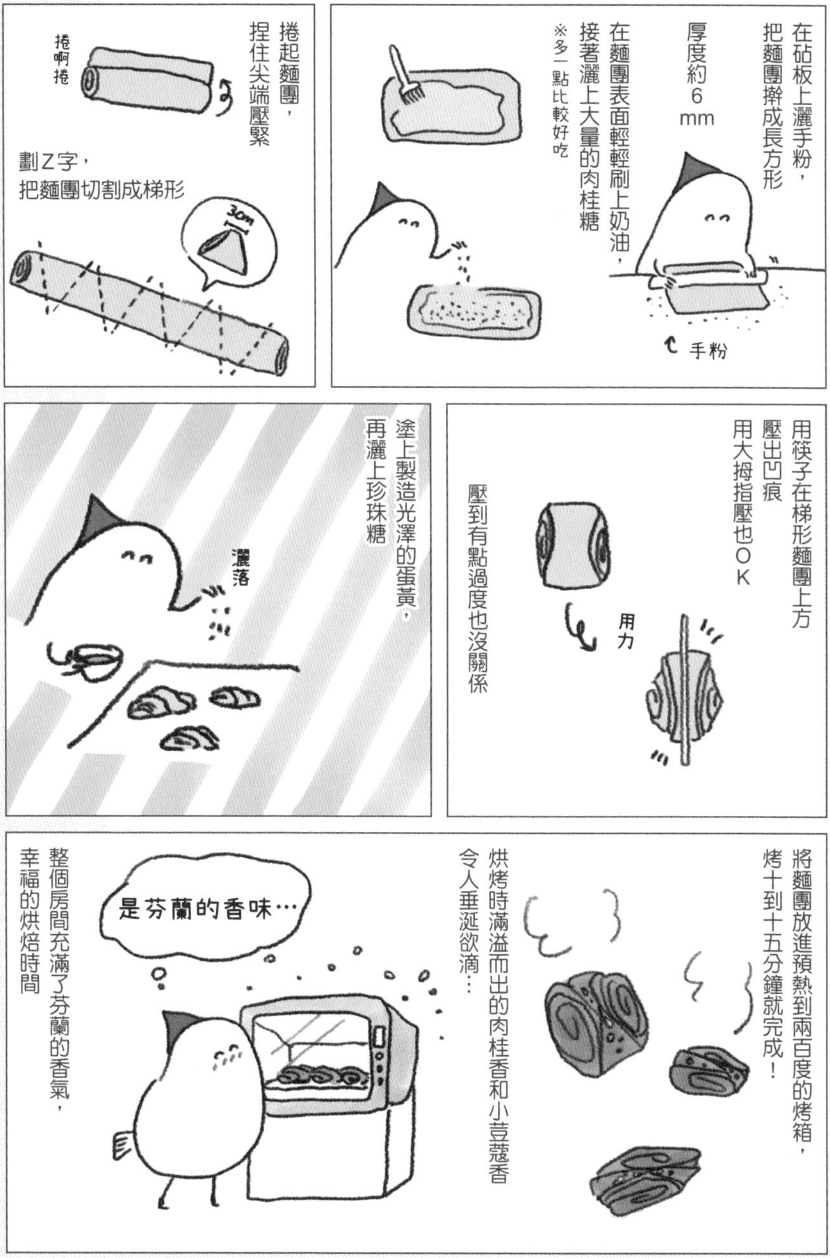
在砧板上灑手粉，
把麵團擀成長方形
厚度約6mm
手粉
在麵團表面輕輕刷上奶油，
接著灑上大量的肉桂糖
※多一點比較好吃
捲起麵團，
捏住尖端壓緊
捲啊捲
劃Z字，
把麵團切割成梯形
3cm
用筷子在梯形麵團上方
壓出凹痕
用大拇指壓也OK
用力
壓到有點過度也沒關係
塗上製造光澤的蛋黃，
再灑上珍珠糖
灑落
將麵團放進預熱到兩百度的烤箱，
烤十到十五分鐘就完成！
烘烤時滿溢而出的肉桂香和小荳蔻香
令人垂涎欲滴…
是芬蘭的香味…
整個房間充滿了芬蘭的香氣，
幸福的烘焙時間

一間深植於芬蘭人生活中的咖啡店

深受熱愛咖啡的芬蘭人歡迎的Kaffa Roastery
是一間附設咖啡廳的咖啡豆烘焙所

專門烘焙與販售精選咖啡豆
Kaffa的咖啡豆價格不貴、品質又好，我們平常就很喜愛
這位對咖啡相當講究的芬蘭朋友，
平常也幾乎都是用Kaffa的咖啡豆

在咖啡廳內可享用咖啡師用心沖泡的咖啡
還有販售季節限定或店內限定的咖啡豆
芬蘭咖啡豆以淺焙為主流，
特色是味道清爽

芬蘭人不論早中晚都會喝咖啡
這裡的低咖啡因咖啡也很值得推薦
在芬蘭時
會一邊享用餐後甜點
一邊喝Kaffa的
低因咖啡呢…
18:00以後就喝低因咖啡
將融入芬蘭人生活的Kaffa咖啡豆買回去，
並在每次磨豆時懷念芬蘭，
是我的日常之一

去芬蘭必買的黃色罐頭湯

第一次造訪芬蘭時⋯⋯
我和芬蘭朋友約了周末一起去玩
我們討論著今天要去哪裡，
自然而然地說起了野餐
去雪中的森林野餐如何？
好啊！
於是前往一片雪白的森林
沙沙
沙沙
泡咖啡的方式非常狂野
放些雪進去，再丟到柴火上就好啦
唰唰

豌豆湯(Hernekeitto)
一整罐直接放到火上烤
直火
口味有點重，
但相當美味喔～
那碗湯實在太好喝了
暖呼呼
好好喝…
本來冰冷的身體
都從裡面暖了起來
在濃稠又有飽足感的豌豆湯裡，
依喜好加入一些
芥末或火腿也很好吃
是那個時候的味道
吸…
每次去芬蘭都會買的黃色罐頭湯，
總會令我想起冬天的回憶

各式芬蘭料理一應俱全的餐廳

赫爾辛基市中心有一間提供
百分之百純正芬蘭料理的餐廳
叫做Konstan Möljä，
而且是自助式的……！
KONSTAN MÖLJÄ
店內環境昏暗，
間接照明的燈光搖曳，
充滿了家庭感
才剛開門，小巧的店內
已坐滿事先訂位的客人
這一天，朋友幫我們預訂了窗邊的座位
可能是有很多來自日本的客人，
店裡也有會說日文的員工
也有日文版菜單喔！
MENU

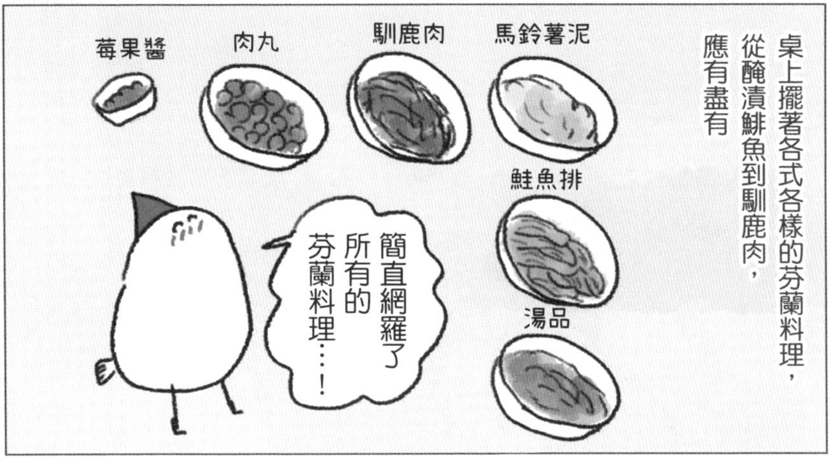
桌上擺著各式各樣的芬蘭料理，
從醃漬鯡魚到馴鹿肉，
應有盡有
馬鈴薯泥
馴鹿肉
肉丸
莓果醬
鮭魚排
湯品
簡直網羅了
所有的
芬蘭料理…！

這裡也能吃到一種叫做
「卡累利阿餡餅」
（Karjalanpiirakka）的
芬蘭傳統料理
道地的客製化配料同樣很齊全
以黑麥粉為基底的薄餅皮
米布丁
放上奶油蛋沙拉一起吃！
準備了蛋沙拉
讓人很開心！

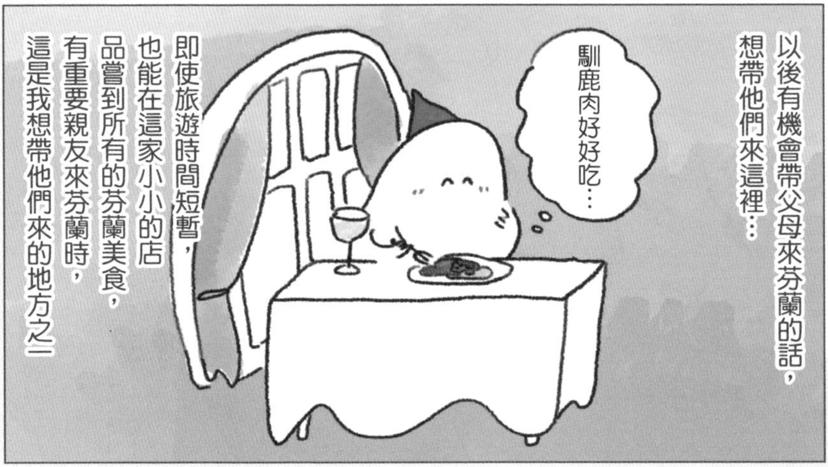
以後有機會帶父母來芬蘭的話，
想帶他們來這裡…
馴鹿肉好好吃…
即使旅遊時間短暫，
也能在這家小小的店
品嘗到所有的芬蘭美食，
有重要親友來芬蘭時，
這是我想帶他們來的地方之一

深受芬蘭人喜愛的壽司店

我很喜歡壽司
喜歡到現在上班之餘
還去壽司師傅培訓學校進修…
然後周末再去
壽司店工作
在國外吃到的壽司總會和該國文化融合，
非常好玩！

芬蘭有很多壽司自助餐，
我去過的店就有各式各樣的好玩壽司
巧克力香蕉捲！
壽司天婦羅
而且我發現這些壽司意外地好吃，
實在太有趣了…！

在赫爾辛基，
大家公認最好吃的壽司店，
是由一對日本夫婦經營的Sushi wagocoro
好吃…
使用北歐
鮭魚或白肉魚
製作的壽司
Kiitos！（謝謝）
Kiitos！（謝謝）
能感受到在地人對這間店的愛，
光是待在店裡就覺得很幸福

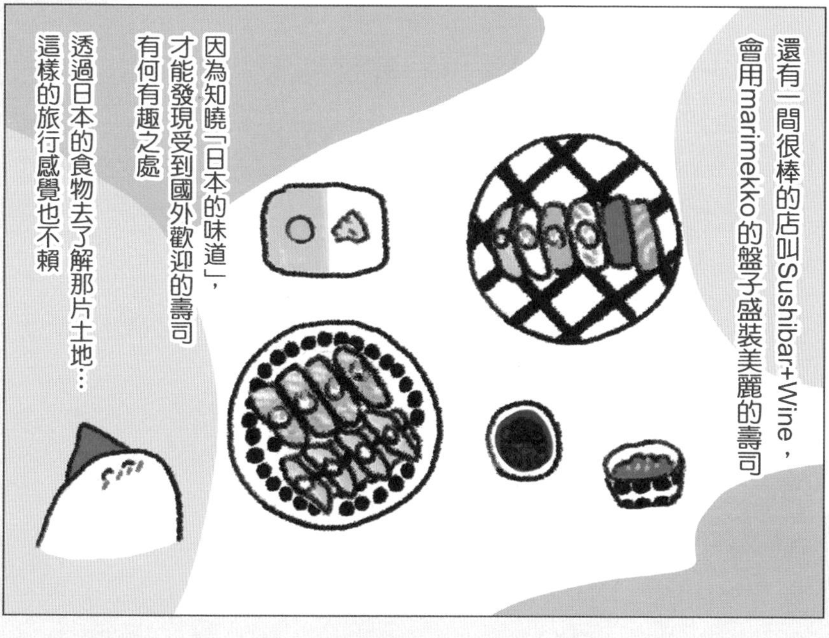
還有一間很棒的店叫Sushibar+Wine，
會用marimekko的盤子盛裝美麗的壽司
因為知曉「日本的味道」，
才能發現受到國外歡迎的壽司
有何有趣之處
透過日本的食物去了解那片土地…
這樣的旅行感覺也不賴

在赫爾辛基品嘗亞洲料理

不知道為什麼，
我非常喜歡在芬蘭吃
價格划算的亞洲料理
煩惱今天要吃什麼的時候，
腦中經常浮現亞洲料理
pizzaria
Korvapuusti
SUSHI
Baari
keittö
laatikko
MAKKARA

我常去Kamppi車站裡
一個類似美食廣場的地方
這裡就算自己一個人輕鬆前往也不會顯得突兀，
而且無論何時，翻桌率都高得驚人…
SINGAPORE
HOT WOK

有一家我很喜歡的新加坡料理餐廳
叫Singapore Hot Wok，
他們的餐點分量非常豪邁
連飲料都很大杯
魄力十足

我要麵套餐
OK!

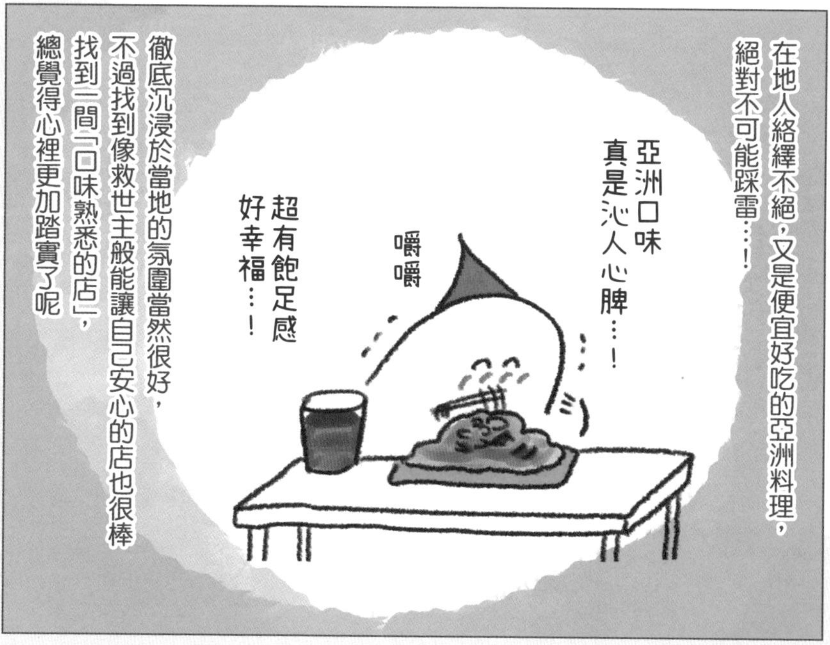
在地人絡繹不絕，又是便宜好吃的亞洲料理，
絕對不可能踩雷……！
亞洲口味
真是沁人心脾……！
嚼嚼
超有飽足感
好幸福……！
徹底沉浸於當地的氛圍當然很好，
不過找到像救世主般能讓自己安心的店也很棒
找到一間「口味熟悉的店」，
總覺得心裡更加踏實了呢

品嘗赫爾辛基的「超受歡迎漢堡」

赫爾辛基有幾個令人垂涎三尺的
「超受歡迎漢堡」
其中一間是發源自芬蘭，
叫做HESBURGER的漢堡店
★HESBURGER★
HESBURGER★
Makusi mukaan

某次，我和一位在推特認識、也很喜歡芬蘭的
日本朋友約在赫爾辛基中央車站，
一起去吃HESBURGER
吃得到馬鈴薯的口感，很棒吧！
為了不讓料掉出來而用紙捲起來這一點也很可愛呢…
由於她非常喜歡HESBURGER，
每次跟她一起吃都覺得格外美味

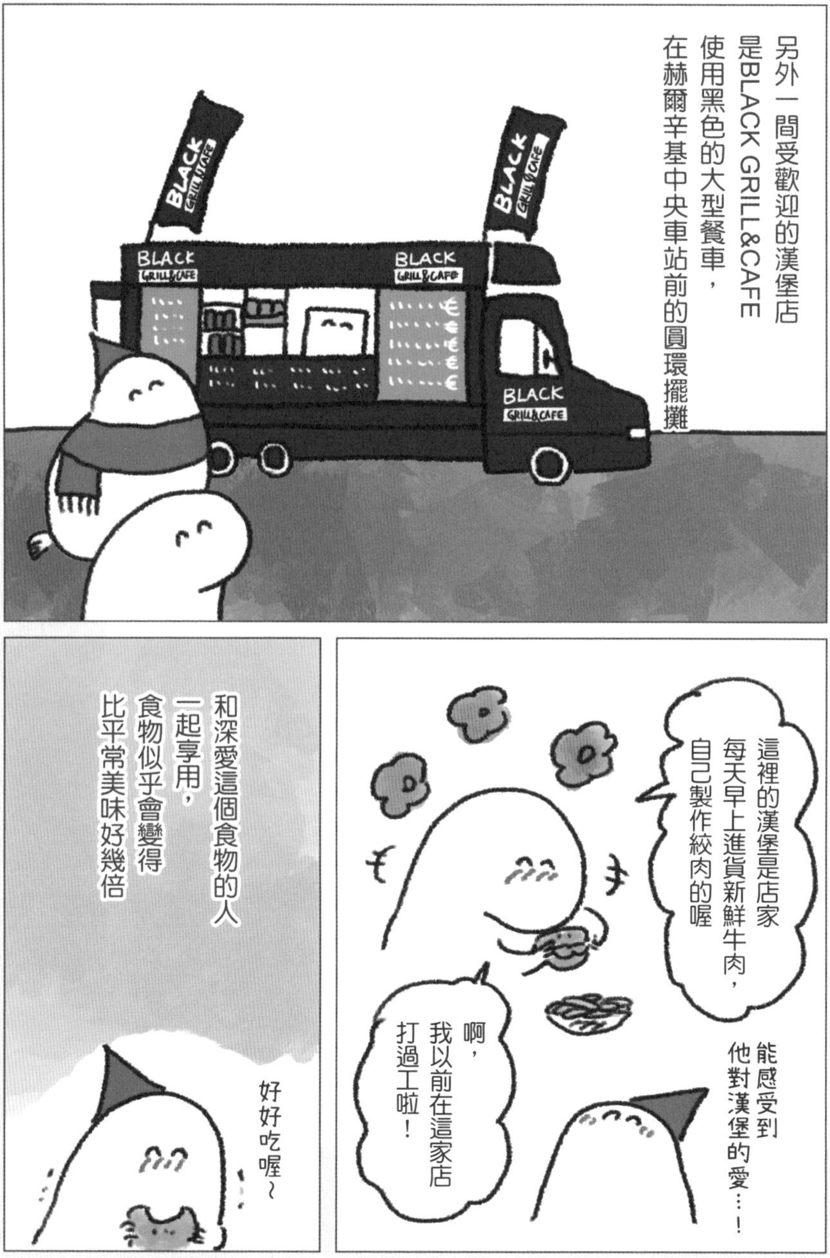
另外一間受歡迎的漢堡店
是BLACK GRILL&CAFE
使用黑色的大型餐車，
在赫爾辛基中央車站前的圓環擺攤
BLACK GRILL&CAFE
這裡的漢堡是店家
每天早上進貨新鮮牛肉，
自己製作絞肉的喔
能感受到
他對漢堡的愛…！
啊，
我以前在這家店
打過工啦！
和深愛這個食物的人
一起享用，
食物似乎會變得
比平常美味好幾倍
好好吃喔～

味道溫和的芬蘭早餐

說到芬蘭的招牌早餐，那就是…
甜粥（Puuro）
甜粥是一種帶有溫和甜味的牛奶粥，
通常用燕麥或米做成

我的芬蘭朋友每次都會加入莓果一起吃
我會把夏天摘的
藍莓和草莓冷凍起來
叮
吃吧
哇——！
每天早晨
廚房裡都滿溢著清爽甘甜的莓果香，
這種感覺真是太棒了

芬蘭的超市都有販售即食燕麥粥
Hetki
Elovena
Pikapuuro
12 ANNOSPUSSIA
omena
kaneli
可以買到各種口味的甜粥，
從招牌的肉桂口味和莓果口味，
到巧克力蔓越莓口味、
蘋果肉桂口味，應有盡有

我也會買一些帶回日本，
在享用早餐的時候回憶芬蘭的種種
在肉桂口味甜粥裡
灑上肉桂粉，
再加入草莓或藍莓
當配料
灑灑灑
容易入手的即食甜粥是個有趣的伴手禮，
就像把一部分的芬蘭早晨時光打包帶回家一樣

我很喜歡芬蘭超市裡的麵包區

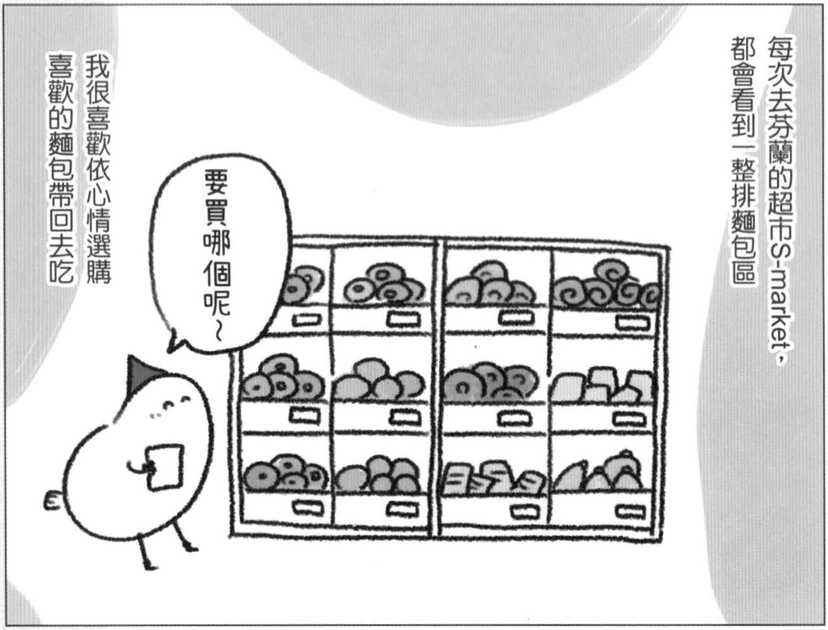
每次去芬蘭的超市S-market，
都會看到一整排麵包區
要買哪個呢~
我很喜歡依心情選購
喜歡的麵包帶回去吃

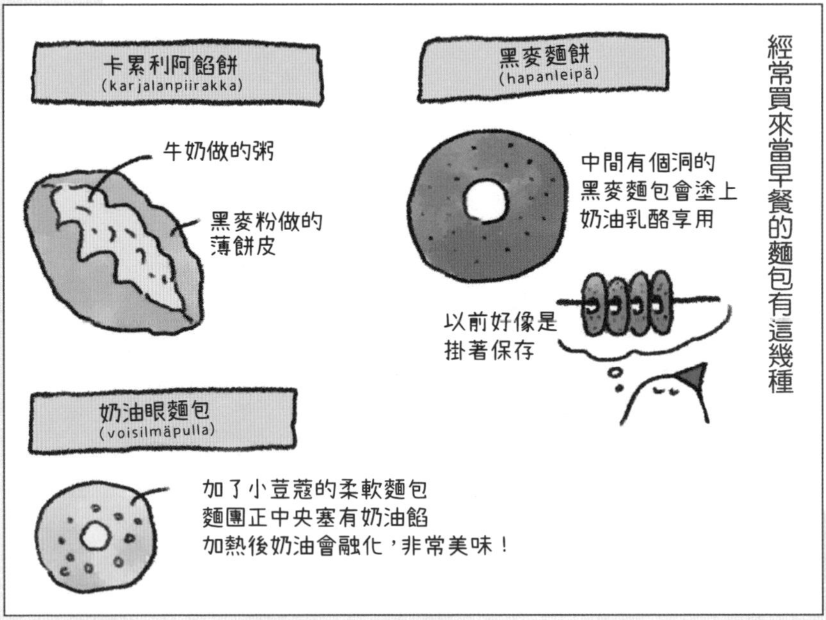
經常買來當早餐的麵包有這幾種
卡累利阿餡餅
(karjalanpiirakka)
牛奶做的粥
黑麥粉做的
薄餅皮
黑麥麵餅
(hapanleipä)
中間有個洞的
黑麥麵包會塗上
奶油乳酪享用
以前好像是
掛著保存
奶油眼麵包
(voisilmäpulla)
加了小荳蔻的柔軟麵包
麵團正中央塞有奶油餡
加熱後奶油會融化，非常美味！

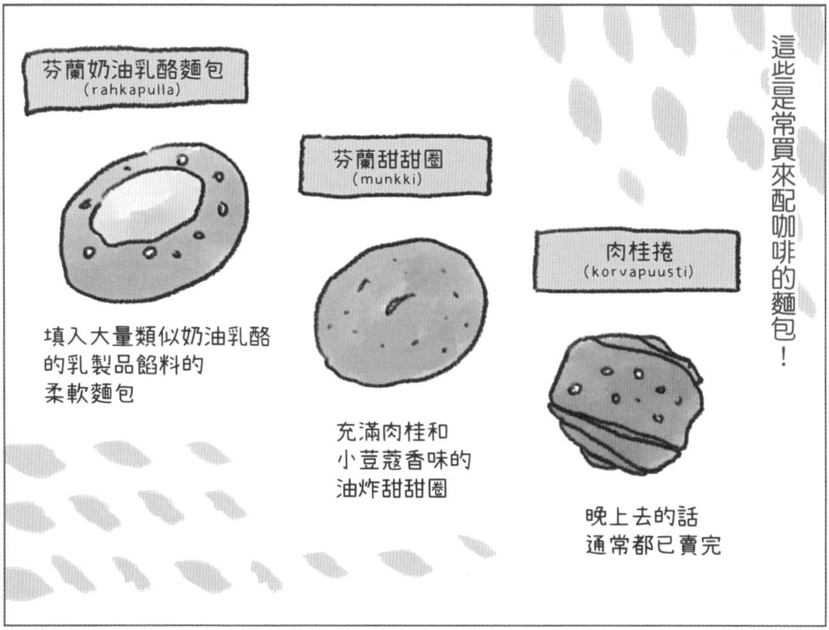
這些是常買來配咖啡的麵包！
芬蘭奶油乳酪麵包
(rahkapulla)
填入大量類似奶油乳酪的乳製品餡料的柔軟麵包
芬蘭甜甜圈
(munkki)
充滿肉桂和小荳蔻香味的油炸甜甜圈
肉桂捲
(korvapuusti)
晚上去的話通常都已賣完

去時髦的麵包店買麵包
當然也不錯，但⋯
今天就選芬蘭奶油乳酪麵包！
我實在太喜歡在超市
和當地人一起隨興地「衝動購買麵包」了

被赫爾辛基最古老的咖啡廳吸引

在街上散步時，
偶然經過一家叫EKBERG的咖啡麵包店
EKBERG
這是赫爾辛基最古老的咖啡店，
也是嚕嚕米作者朵貝·楊笙很喜歡的店
櫥窗裡的蛋糕
令人垂涎三尺…
看起來好好吃
我忍不住回頭踏進店內
轉身
還是進去吧

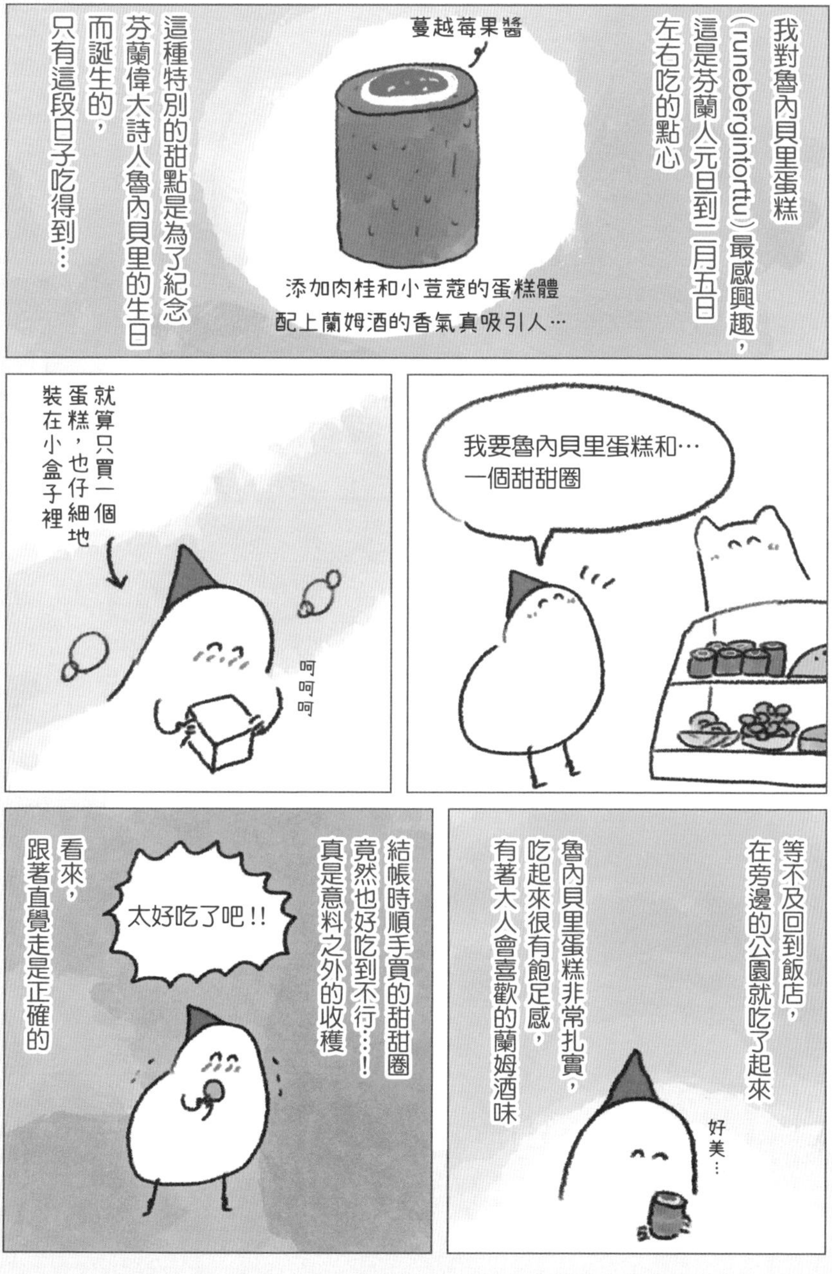
我對魯內貝里蛋糕
（runebergintorttu）最感興趣，
這是芬蘭人元旦到二月五日
左右吃的點心
蔓越莓果醬
添加肉桂和小荳蔻的蛋糕體
配上蘭姆酒的香氣真吸引人…
這種特別的甜點是為了紀念
芬蘭偉大詩人魯內貝里的生日
而誕生的，
只有這段日子吃得到…
我要魯內貝里蛋糕和…
一個甜甜圈
就算只買一個
蛋糕，也仔細地
裝在小盒子裡
呵呵呵
等不及回到飯店，
在旁邊的公園就吃了起來
魯內貝里蛋糕非常扎實，
吃起來很有飽足感，
有著大人會喜歡的蘭姆酒味
好美…
結帳時順手買的甜甜圈
竟然也好吃到不行…！
真是意料之外的收穫
太好吃了吧!!
看來，
跟著直覺走是正確的

令人上癮的芬蘭夏季必吃料理

說到芬蘭夏天必吃的料理，
不得不提鯡魚拌芥末（sinappisilli）
晚餐好囉！
盡量吃吧
主菜是這個！
有一次我到芬蘭朋友家吃晚餐，
他招待我的主菜，
就是鯡魚拌芥末罐頭
切片小黃瓜
與蒔蘿一起燉煮的馬鈴薯
充滿蒔蘿香氣的
小馬鈴薯和
醋漬鯡魚，
和味道溫醇的芥末
非常搭
這…
這會上癮！
從那之後，
鯡魚拌芥末就成了我的心頭好
雖然是夏天的特色食物，
但超市一年四季都買得到
Abba
SINAPPISILLI

回日本後也可以自己做
在醋漬鯡魚或沙丁魚裡加入
美乃滋
黃芥末
蜂蜜
1:1:1
再加入蒔蘿就完成了！
順帶一提，芬蘭的飯店早餐幾乎都有醋漬鯡魚
一大早吃鯡魚是有點負擔，但加了芥末就很好入口
後來某一天，我在飯店的自助早餐看到…
SALMIAKKI
添加鹹甘草糖粉
鹹甘草糖口味！
※鹹甘草糖是芬蘭名產，號稱世界第一難吃的糖果（詳情請參照第68頁）
就像日本有各式各樣的味噌，嘗試外國招牌食物的各種口味，也會有許多新發現，非常有意思
嚼
真有趣…
每天都是一場冒險…！

我很喜歡這家能感受在地氛圍、步調匆忙的自助餐

芬蘭人的午餐時間很短，
大多數人會在三十分鐘內用完餐
午餐時間雖然短暫，
但據說下班時間也比較早，
因此能夠迅速用餐的自助餐
是非常受歡迎的午餐選擇

這裡是位於赫爾辛基市中心周邊
很受當地上班族喜愛的店家
Ravintola Factory Aleksi※
叮
一到中午，人群就像被吸過來似的，
搭乘著擁擠的電梯前往五樓

※按：已停業(2023.01)

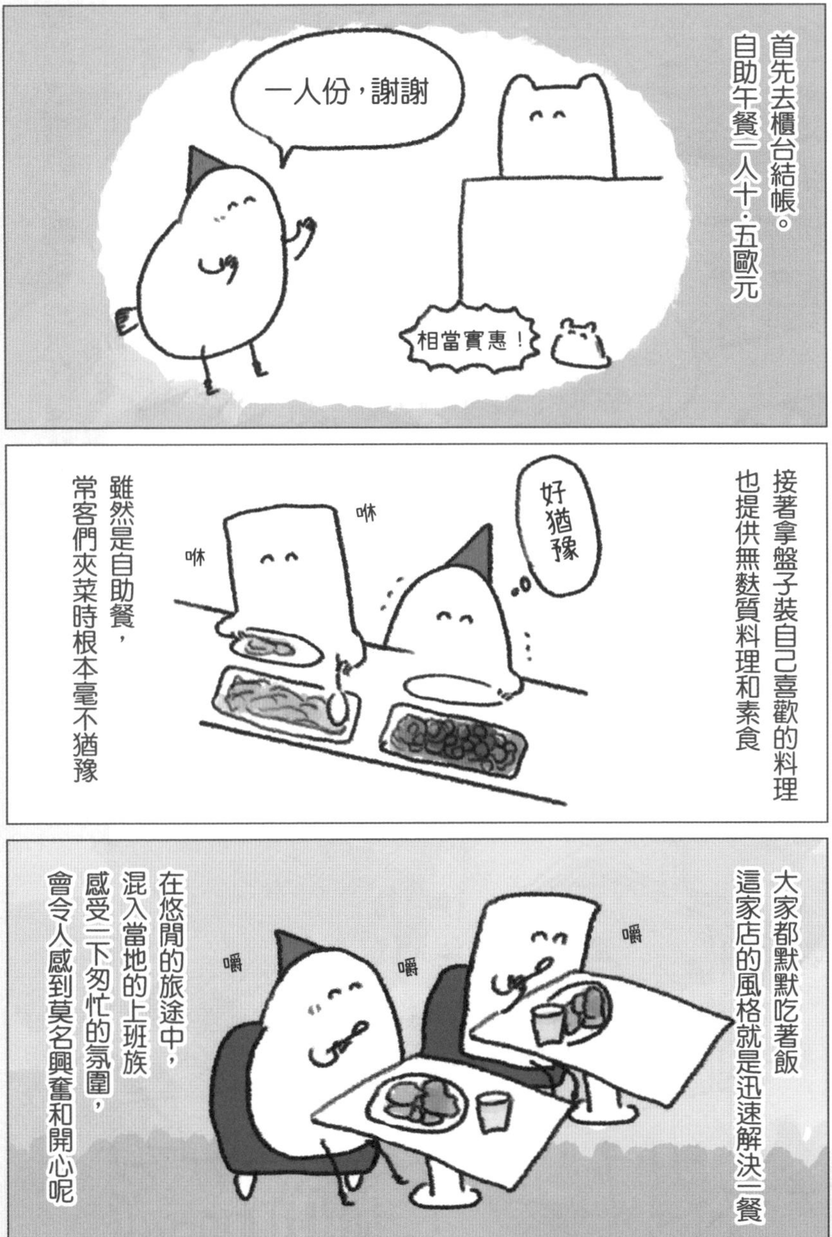
首先去櫃台結帳。
自助午餐一人十·五歐元
一人份，謝謝
相當實惠！
接著拿盤子裝自己喜歡的料理
也提供無麩質料理和素食
好猶豫
咻
咻
雖然是自助餐，
常客們夾菜時根本毫不猶豫
大家都默默吃著飯
這家店的風格就是迅速解決一餐
嚼
嚼
嚼
在悠閒的旅途中，
混入當地的上班族
感受一下匆忙的氛圍，
會令人感到莫名興奮和開心呢

有一間我很喜歡的咖啡廳只在夏季出現

某年冬天，
我為了前往一間叫做
Sinisen Huvilan Kahvila的咖啡廳，
在雪地中走著
シ〜〜ン…
喔…
只有露天座位，
冬天不營業啊
從此之後，我就把這間咖啡廳
稱作「夏季的夢幻咖啡廳」

初次造訪這間咖啡廳，
是一個晴空萬里的清爽夏日
就像在奶奶家後院擺上桌椅、
自然不造作的空間
深深吸引了我

這間藍色小屋裡
陳列著肉桂捲和六種蛋糕
由於說明全是芬蘭語，
點肉桂捲應該是
最安全的選擇
（謝謝）Kiitos！
我要咖啡和…這個蛋糕
但我被一個看起來很好吃、
塗滿鮮奶油的蛋糕吸引，
於是用手比劃，向店員點了
那個不知道是什麼的蛋糕

我端著不知名的蛋糕
和裝滿咖啡的藍色馬克杯，
找了中意的露天座位入座
找個能好好欣賞
湖景的座位吧…

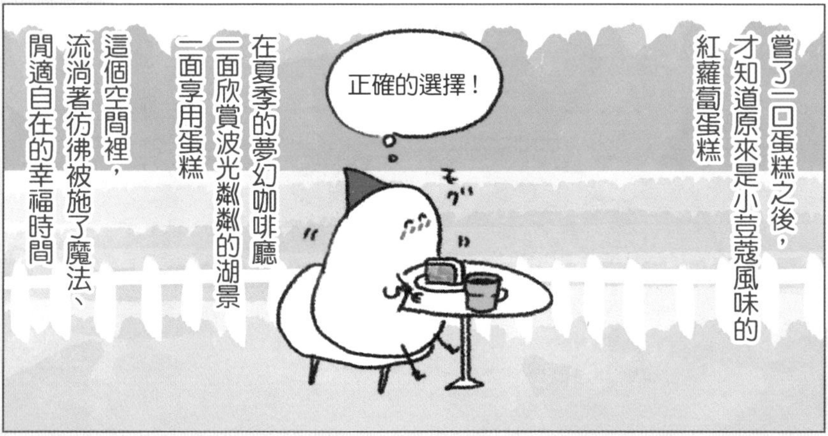
嘗了一口蛋糕之後，
才知道原來是小荳蔻風味的
紅蘿蔔蛋糕
正確的選擇！
モグ
在夏季的夢幻咖啡廳
一面欣賞波光粼粼的湖景
一面享用蛋糕
這個空間裡，
流淌著彷彿被施了魔法、
閒適自在的幸福時間

製作耶誕節宴客菜「耶誕火腿」

說到芬蘭的耶誕晚宴，
不得不提耶誕火腿！
在超市或百貨公司
地下街都買得到！
親手製作耶誕火腿
是許多芬蘭家庭的耶誕習俗

從前一天就開始用心處理火腿
我們家以前每年都是由爸爸
負責製作耶誕火腿，
現在我也會自己做了喔…
耶誕節當天，全家人會依照慣例
一起享用做好的火腿

某一年耶誕節隔天…
日本的香料飯(pilaf)
裡面會加什麼料啊？
炒飯的話，會加蛋、
蔥和火腿吧？
火腿…!?
馬上用耶誕火腿來料理…
完成了…
耶誕炒飯
尺寸巨大的火腿會在耶誕節隔天
被做成三明治或各種創意料理，
享受這些變化也非常有趣

我很喜歡這間只有當地人光顧的昏暗咖啡店

Cafe Cao是位於赫爾辛基大學車站地下道最深處，
有點潮溼陰暗的平價咖啡店
今天客人同樣不多，
只有一位當地大叔
一邊讀著報紙
一邊慢慢喝著咖啡
這裡的肉丸非常好吃，
不過菜單是每天隨興替換的，
所以不太容易遇到
價格是八歐元，
每道料理都偏重口味
隨餐附送熱騰騰的黑咖啡

這間店是我第一次去芬蘭時，
朋友介紹的
太便宜了吧
Today's me
是吧—
當時我還是個沒什麼錢的大學生，
所以常常來這間昏暗的咖啡廳，
吃頓便宜又大分量的飯
已經成為大人的現在，
每次來到芬蘭
還是忍不住
沿著地下道走到這裡
某個心情難過的日子，
我也從海邊一路走來
就在大口吃下飽滿肉丸的
瞬間，淚水忽然奪眶而出
糟糕，現在還在外面，一不小心…
雖然腦中這麼想，但在這個最深處的咖啡店裡，
沒有人會注意到我的眼淚
在遙遠的北國，
有一間咖啡店能讓人放心地哭泣…
是一件十分幸福的事呢

在赫爾辛基歷史悠久的餐廳度過夜晚時光也很棒

這棟面朝市區大馬路，
存在感非常強烈的建築，
是一八六七年創業的老牌餐廳Kappeli
知名作曲家西貝流士也很喜歡這間餐廳
KAPPELI
來這裡當然要吃晚餐，不過…
從駝鹿到小龍蝦，
充滿芬蘭特色的前菜
炙烤肝臟和
莓果果醬
也很推薦到酒吧區
輕鬆地小酌一杯，
感受不同於平常的心情
在燈光輝煌的店內
感受歷史氣息，
啤酒喝起來也會更加美味
也提供啤酒和琴通寧調酒

深夜的莓果甜湯讓身心都暖了起來

某個失眠的寒冬深夜裡…
芬蘭朋友給我喝了一種飲料
要不要喝莓果甜湯？
!?
嗯？不是果汁嗎？
是溫熱的湯喔
和盒裝鮮奶一樣
超市都有賣
莓果甜湯就是這樣登場的
倒進ARABIA的馬克杯，
微波一下就完成了
這種輕鬆方便的感覺很棒呢
雖然溫熱的莓果
一開始讓我感到很衝突…
稠稠的…
莓果的味道…
像葛粉般濃稠的莓果甜湯
讓身體逐漸暖了起來
很適合睡不著的晚上喝喔
對吧
好暖和~
吸
深夜喝著裝在馬克杯裡的
莓果甜湯，
整個人都舒緩了下來，
這味道也讓人感到雀躍

在藍天之下享用新鮮水果和蔬菜

位於沿海地帶的露天市場Market Square
今天也販售著各種鮮嫩多汁的莓果
OK!
我要這個
因為想一次吃很多種，
我每次都買三種莓果的綜合組合
走在我前面的芬蘭人
津津有味地吃著生荷蘭豆
嚼
嚼
每到夏天，
大家好像都把它當成零食吃
真好奇
我在赫爾辛基大教堂
前的階梯坐下，
開始享用剛才在市場
隨心所欲挑選的莓果
莓果酸酸甜甜，
荷蘭豆有著濃濃豆香，
都是和夏天非常相配的味道
一邊望著赫爾辛基的街景，
一邊享用新鮮蔬果，
真是最棒的享受

我很喜歡這道超下酒的酥炸小魚

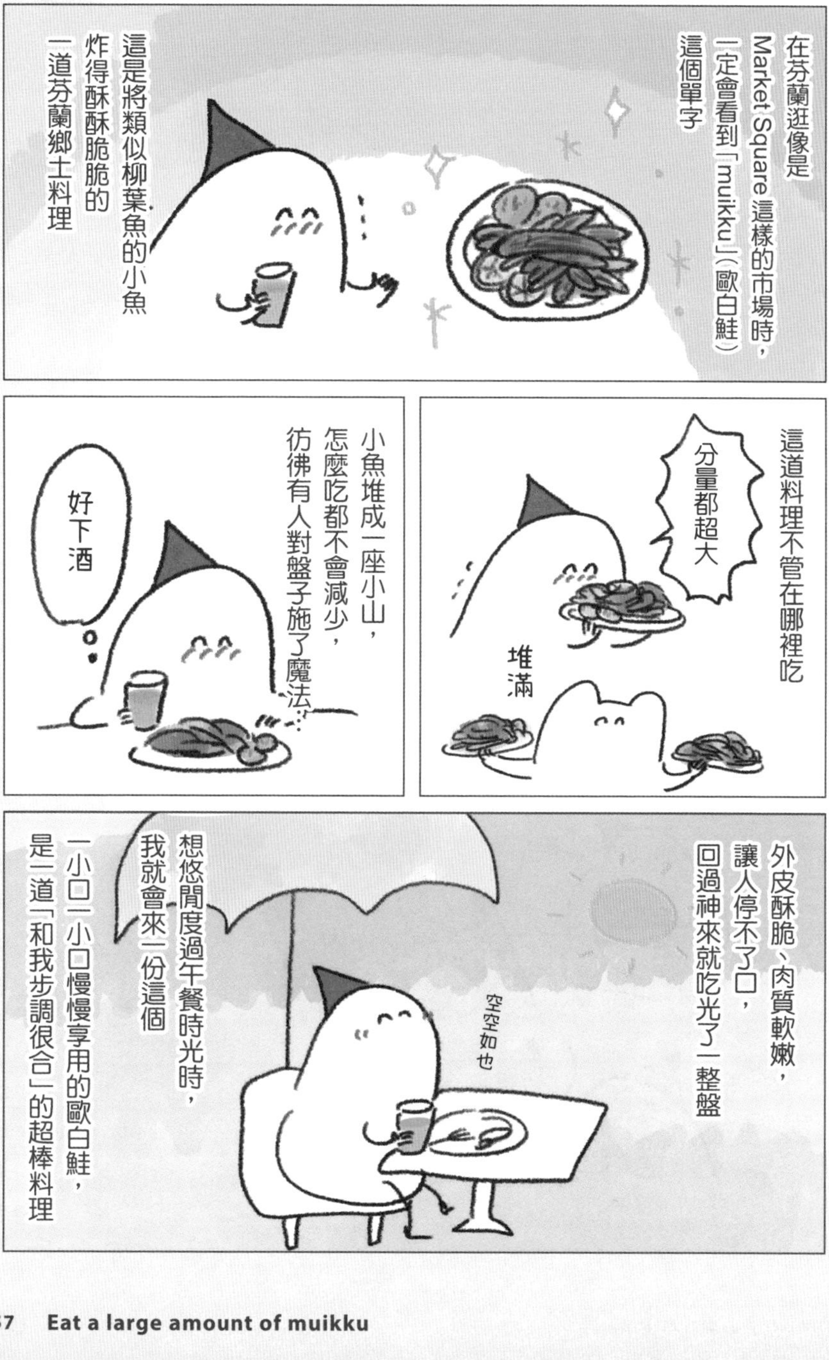
在芬蘭逛像是
Market Square 這樣的市場時，
一定會看到「muikku」（歐白鮭）
這個單字
這是將類似柳葉魚的小魚
炸得酥酥脆脆的
一道芬蘭鄉土料理
這道料理不管在哪裡吃
分量都超大
堆滿
小魚堆成一座小山，
怎麼吃都不會減少，
彷彿有人對盤子施了魔法
好下酒
外皮酥脆、肉質軟嫩，
讓人停不了口，
回過神來就吃光了一整盤
空空如也
想悠閒度過午餐時光時，
我就會來一份這個
一小口一小口慢慢享用的歐白鮭，
是一道「和我步調很合」的超棒料理

我喜歡把芬蘭洋芋片沾醬吃

逛芬蘭超市時會發現，洋芋片的選擇非常多…
我尤其喜歡充滿北歐風情的蒔蘿口味
堅脆洋芋片！

洋芋片區也賣各式各樣的小包調味粉
其中我最推薦的就是TAFFEL的DIPPI系列！只要拌入優格裡就成了沾醬！
THE ORIGINAL TAFFEL SNACKS
DIPPI
RANCH
停不了口…
當伴手禮也很適合！
嘗試各種組合，找出屬於自己的特別洋芋片，也是旅遊的樂趣之一

這款冰淇淋將擄獲冰品迷的心

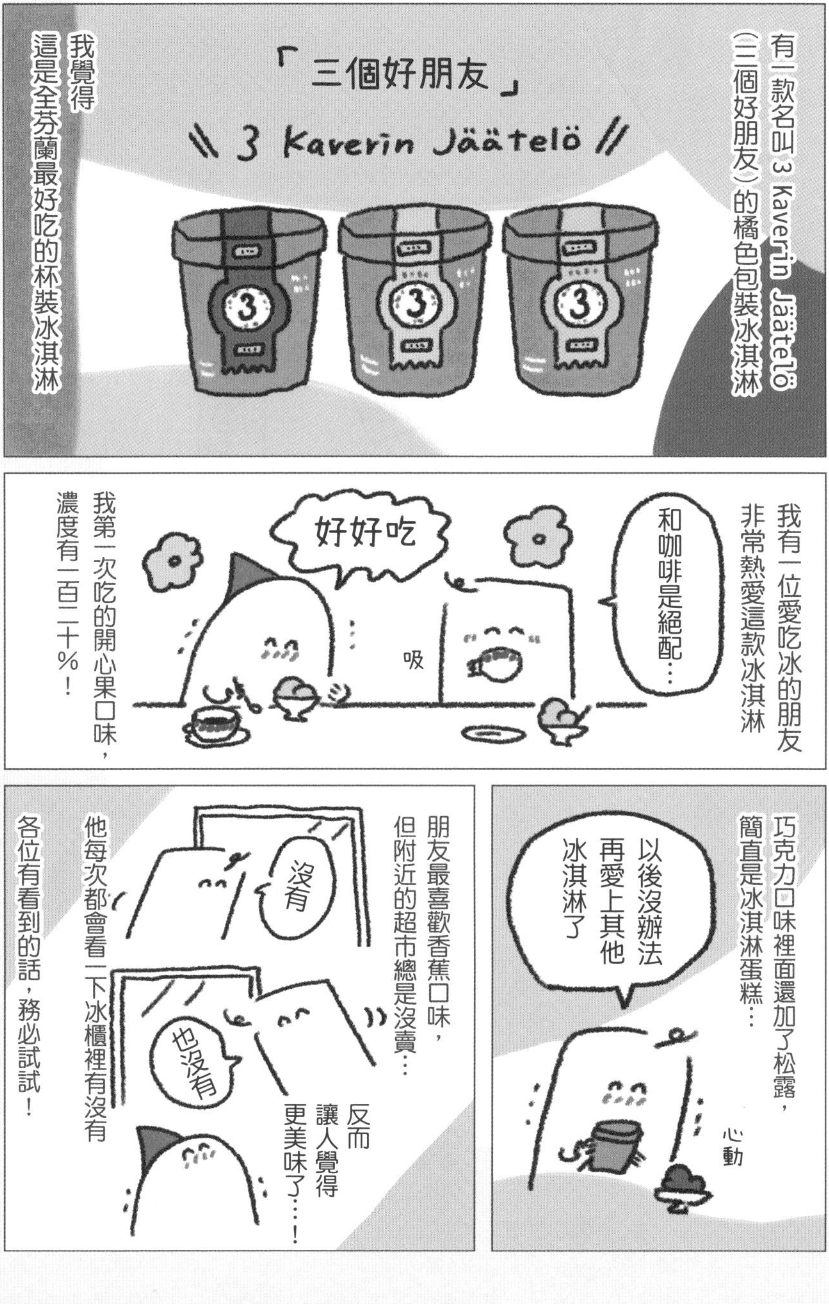
有一款名叫3 Kaverin Jäätelö
(三個好朋友)的橘色包裝冰淇淋
「三個好朋友」
3 Kaverin Jäätelö
我覺得
這是全芬蘭最好吃的杯裝冰淇淋
我有一位愛吃冰的朋友
非常熱愛這款冰淇淋
和咖啡是絕配…
吸
好好吃
我第一次吃的開心果口味，
濃度有一百二十％！
巧克力口味裡面還加了松露，
簡直是冰淇淋蛋糕…
以後沒辦法再愛上其他冰淇淋了
心動
朋友最喜歡香蕉口味，
但附近的超市總是沒賣…
沒有
他每次都會看一下冰櫃裡有沒有
也沒有
反而讓人覺得更美味了…！
各位有看到的話，務必試試！

Column 2

在家自己做芬蘭招牌料理

琴通寧調酒食譜

琴通寧調酒是芬蘭賣得最好的酒精飲料。
以琴酒為底，加入葡萄柚汁和通寧水調製而成，
宛如「芬蘭的燒酒蘇打」。很多人喜歡在桑拿之後來一杯。

DRY GIN
TONIC WATER

材料（1杯份150ml）

琴酒…30ml
葡萄柚汁…60ml
通寧水…60ml
冰塊…適量

製作方法

琴酒、葡萄柚汁、通寧水以1:2:2的比例調製，
接著倒入放了冰塊的玻璃杯即可！

1 : 2 : 2

呼—…

桑拿後或泡完澡後
來一杯最棒了!!
hyvää!

奶油鮭魚湯食譜

奶油鮭魚湯的芬蘭語是「lohikeitto」。
在鮭魚漁獲量豐富的北歐，是相當常見的家庭料理。

材料 （2人份）

鮭魚（切片）…1片
馬鈴薯…1顆
胡蘿蔔…1/2根
蔥…1/4根
蒜頭…1/2瓣
高湯粉…1小匙
水…200ml
A 牛奶…150ml
檸檬汁…1/2大匙
蒔蘿…1根（乾燥的也OK）
沙拉油…少許
胡椒鹽…依喜好

製作方法

①蒜頭和蔥切碎，馬鈴薯和胡蘿蔔切成一口大小。

②鮭魚去皮，切成一口大小。

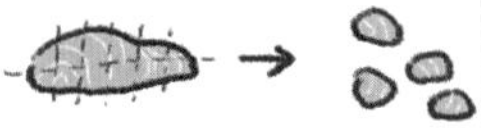

③熱油鍋，將①的蒜頭和蔥下鍋爆香，香味出來後加入馬鈴薯和胡蘿蔔。

咕嚕咕嚕

④加水煮至沸騰後，加入②的鮭魚和高湯粉。

⑤蔬菜都煮軟後加入A，以文火燉煮，不要讓湯沸騰。最後撒上胡椒鹽調味就大功告成！

REGATTA

Croissant

1 深得我心的海鮮湯。麵包、羅勒醬和蒜泥美乃滋也都是一絕（P14）。

2 這間紅色小屋是一間名叫 Regatta 的可愛咖啡廳。集結了許多令人興奮的芬蘭元素（P16）。

3 芬蘭的藍莓派會搭配濃稠的香草醬。

4 海鷗也愛吃的市場豐盛拼盤。點這個準沒錯，是令人安心的選擇（P18）。

5 ROBERT' S COFFEE 的巨大肉桂捲。鬆鬆軟軟的口感更是令人愛不釋口（P22）。

6 咖啡廳裡陳列著蛋糕和甜甜圈。本來只想來杯咖啡，忍不住多買了別的。

Part 2

喝

好幸福～～
呼啊～

赫爾辛基中央車站是一個人站著小酌的絕佳地點

處在適度的吵雜感之中，
價格和店面平易近人
集齊了這一切元素的心靈綠洲……
芬蘭的交通樞紐，
赫爾辛基中央車站
有許多店家
不是酒吧一條街喔
淋上大量甜芥末醬的
多汁香腸配上黃金啤酒
簡直完美
首先在BBQ店
Aseman Wursti點一份巨大
烤香腸和KARHU啤酒
Moi
Moi
一邊看火車，
一邊豪爽地享用！
咬下

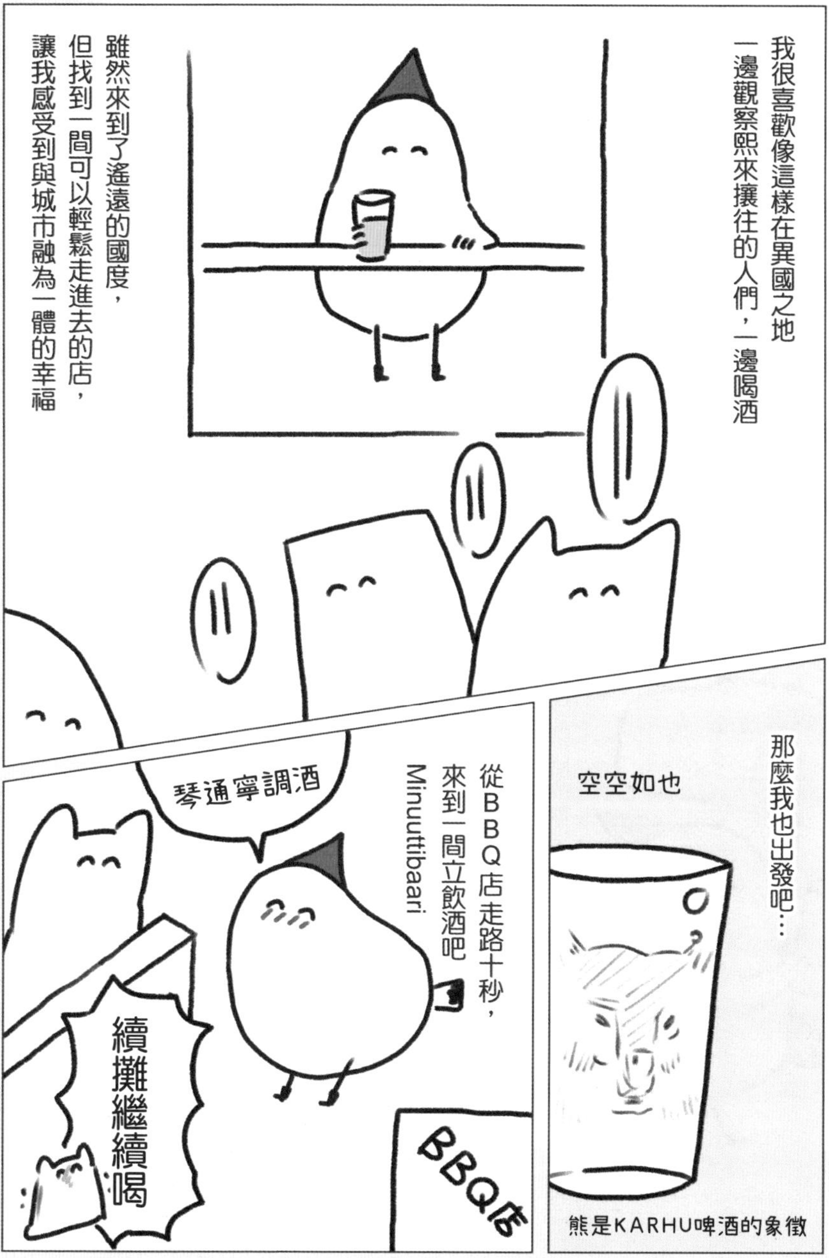
我很喜歡像這樣在異國之地
一邊觀察熙來攘往的人們，一邊喝酒
雖然來到了遙遠的國度，
但找到一間可以輕鬆走進去的店，
讓我感受到與城市融為一體的幸福
那麼我也出發吧…
空空如也
熊是KARHU啤酒的象徵
從BBQ店走路十秒，
來到一間立飲酒吧
Minuuttibaari
琴通寧調酒
BBQ店
續攤繼續喝

坐在湖畔吃藍莓配啤酒是最棒的享受

在超市買藍莓，
到湖畔配著酒享用
這並不是芬蘭人的習慣，
而是我自己行之有年的
旅行日常
不愧是藍莓之國，
只要前往超市就能用便宜的價格
買到一大盒藍莓
滿滿一盒！
接著買啤酒！
選了招牌的熊啤酒和一罐看對眼的啤酒
第一次看到…
就是它了！
由於想待比較久，通常會選擇大罐的

芬蘭有很多湖泊，
從鬧區步行即可抵達Töölö Bay之類
的安靜湖畔
Moi（嗨）
每一顆藍莓都又飽滿又有光澤，
非常可愛
盒子裡裝得滿滿的，可以吃很久，
而且吃再多也不會有罪惡感！
拿起一顆藍莓，
一口咬下鮮彈果肉，
酸酸甜甜的味道在口中擴散開來…
這時再配一口冰啤酒！
好幸福～～
呼啊～
一邊享受極致的幸福，
一邊眺望著水面悠閒放鬆，
是我夏天的私房樂趣

喝了會變開心的甘草伏特加是我的心頭好

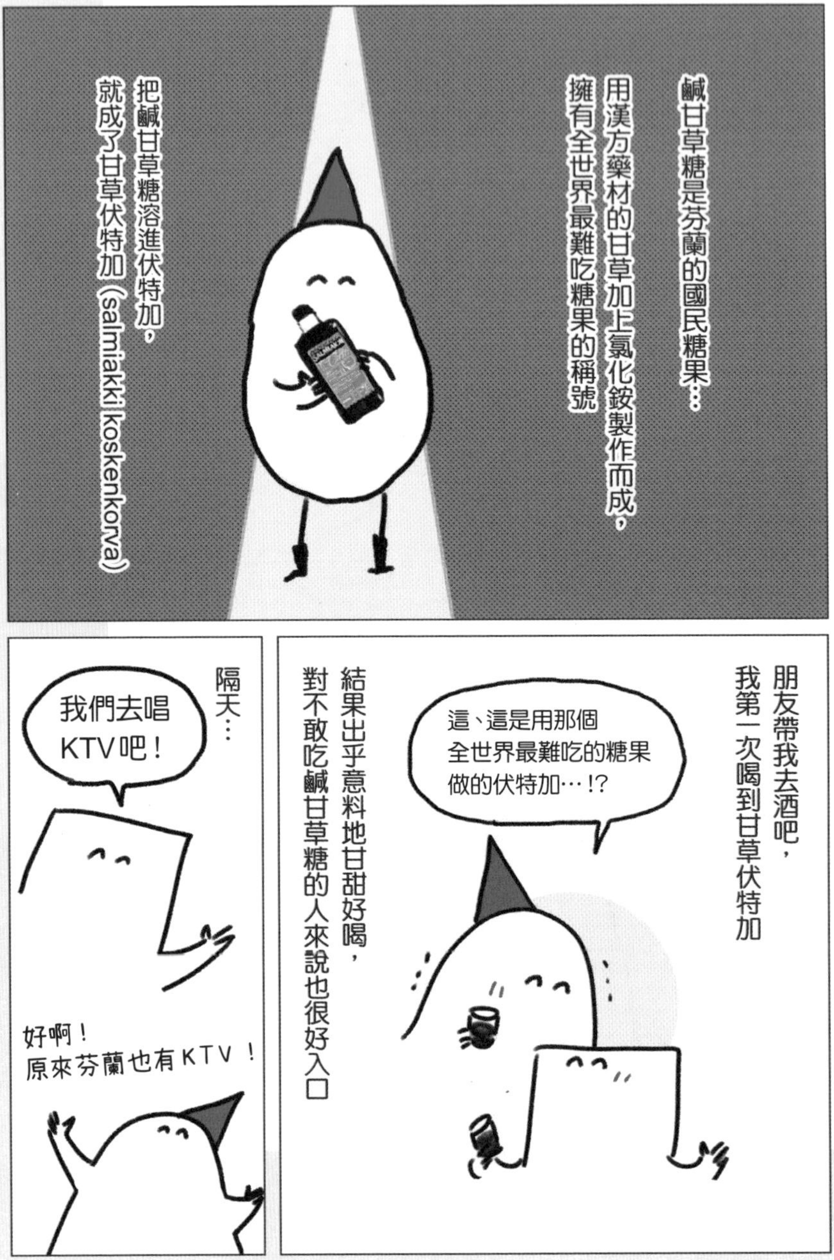
鹹甘草糖是芬蘭的國民糖果……
用漢方藥材的甘草加上氯化銨製作而成，
擁有全世界最難吃糖果的稱號
把鹹甘草糖溶進伏特加，
就成了甘草伏特加（salmiakki koskenkorva）
朋友帶我去酒吧，
我第一次喝到甘草伏特加
這、這是用那個全世界最難吃的糖果做的伏特加…!?
結果出乎意料地甘甜好喝，
對不敢吃鹹甘草糖的人來說也很好入口
隔天…
我們去唱KTV吧！
好啊！原來芬蘭也有KTV！

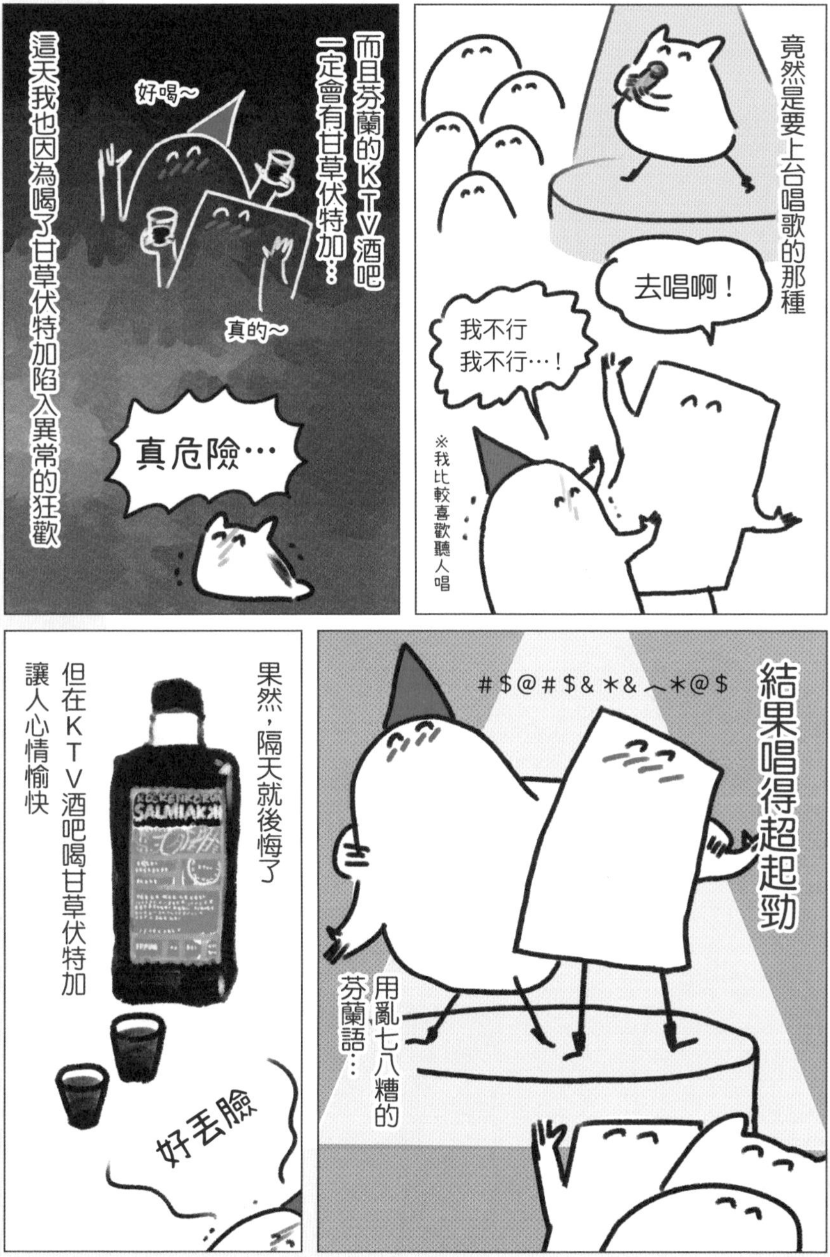
竟然是要上台唱歌的那種
去唱啊！
我不行
我不行…！
※我比較喜歡聽人唱
而且芬蘭的KTV酒吧
一定會有甘草伏特加…
好喝～
真的～
這天我也因為喝了甘草伏特加陷入異常的狂歡
真危險…
結果唱得超起勁
#$@#$&＊&︿＊@$
用亂七八糟的芬蘭語…
果然，隔天就後悔了
但在KTV酒吧喝甘草伏特加
讓人心情愉快
好丟臉

白天到赫爾辛基一家我常去的精釀啤酒店喝酒

今天走了很多路…
大白天來點啤酒也不錯！
arimekko

這種時候我總會去一間氛圍很棒的精釀啤酒店
白天店裡很空
可以看見店內
座位偏多
客人零零散散
Ravintola TEERENPELI Bar
TEERENPELI
就是這裡！

這間由Ravintola Teerenpeli經營的釀造所
有釀造一款我最喜歡的精釀啤酒
PAKKAS PAAVO
TALVIOLUT 2019
TEERENPELI
他們不只釀造啤酒也釀造威士忌，在酒吧都喝得到！

我要藍莓啤酒
和這個三明治
hyvä
（好的）
啤酒種類豐富，
我會依照當天的心情選擇
也有品酒組合
好大…
這裡賣的三明治分量相當大，
要做好心理準備
起司也放很多！！
走累了的時候
到咖啡廳坐坐當然很好，
但像這樣坐下來一個人喝啤酒也不錯⋯
放任身體享受舒適的氛圍，
突然不想和任何人聯絡
這種解放感和適合打盹的閒適時光，
就流淌在白天的酒吧之中

品嘗芬蘭的國民雞尾酒「琴通寧調酒」

琴通寧調酒是一種將葡萄柚果汁和琴酒
以蘇打水（通寧水）稀釋的芬蘭雞尾酒
人們經常在做完桑拿後來一杯
芬蘭銷量No.1的
酒精飲料
琴通寧之於芬蘭，
就像燒酒蘇打
之於日本
HARTWALL
ORIGINAL
旅行途中，
我會在包包裡常備一罐琴通寧調酒
尤其是夏天
如此一來，
遇到適合
喝酒欣賞的風景時，
隨時都能小酌一杯
※就是這麼好入口
喀嚓……
雖然我多半喝罐裝的琴通寧調酒，
但在店裡喝的「現調琴通寧」更是美味至極，
在此介紹兩個我喜歡的地方給大家
HARTWALL
ORIGINAL
Long drink

第一個是在Löyly Helsinki的暖爐邊
享用琴通寧調酒
沁人心脾的清爽氣泡酒…
流進被火烤得暖暖的身體裡，
真是療癒…！
呼啊～～
劈啪…
劈啪…

另一個是在能一覽赫爾辛基全景的
Hotel Torni頂樓酒吧Ateljee Bar
享用現調琴通寧
因為現場製作，
葡萄柚的味道非常濃郁
這裡是全城最高的地方
配著最喜歡的街景一起喝的琴通寧調酒
似乎別有一番滋味

我很喜歡芬蘭的酒類專賣店

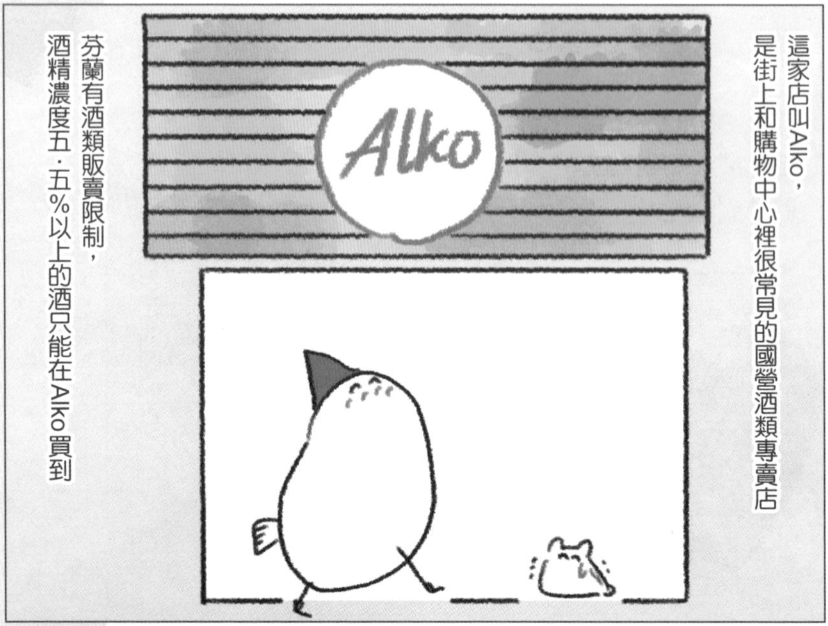
這家店叫Alko，是街上和購物中心裡很常見的國營酒類專賣店
Alko
芬蘭有酒類販賣限制，酒精濃度五．五％以上的酒只能在Alko買到

這裡買得到各種口味的芬蘭名產伏特加
蔓越莓口味
原味
FINLANDIA
萊姆口味
芒果口味

也能買到大家最愛的甘草伏特加
SALMIAKKI
VALHALLA
買吧

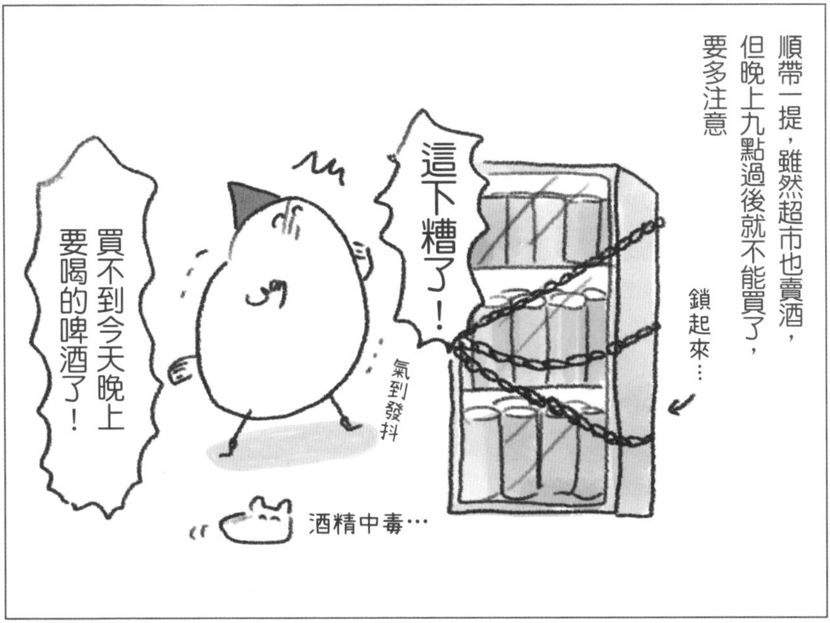
順帶一提，雖然超市也賣酒，
但晚上九點過後就不能買了，
要多注意
鎖起來…
這下糟了！
氣到發抖
買不到今天晚上要喝的啤酒了！
酒精中毒…

由於酒類的消費稅很高，
帶著走也很重，
要當伴手禮的酒到機場免稅店再買
我很喜歡用芬蘭琴酒
做出來的琴通寧調酒
每次都會買自己要喝的
兩種琴酒回日本
HELSINKI DRY GIN
GIN NAPUE GIN
也有可當伴手禮的迷你瓶
小巧可愛
甘草伏特加也有迷你瓶版本，
非常推薦…
雖然都是酒，
但有很多讓人看了包裝就忍不住想買的商品，
這也是芬蘭的酒有趣之處

我很喜歡一個人也能享受其中的芬蘭啤酒節

一到夏天，
芬蘭各地便會舉辦各式小型啤酒節
在Suuret Oluet-Pienet Panimot
集結了超過三十家釀造所，
可以喝到全芬蘭的當地啤酒…
沒錯…這裡就是…天堂…！
SUURET OLUET
PIENET PANIMOT
IL BREW
入場時要買一個自己的酒杯
因為我想嘗試很多種類的酒，
所以選了小酒杯
小酒杯
可以帶回家 ^^
包包裡放了啤酒，不能帶入場所以寄放在櫃台，
下次要留意…
這個不能
帶進去喔
哇啊…琴通寧調酒…
不好意思！！

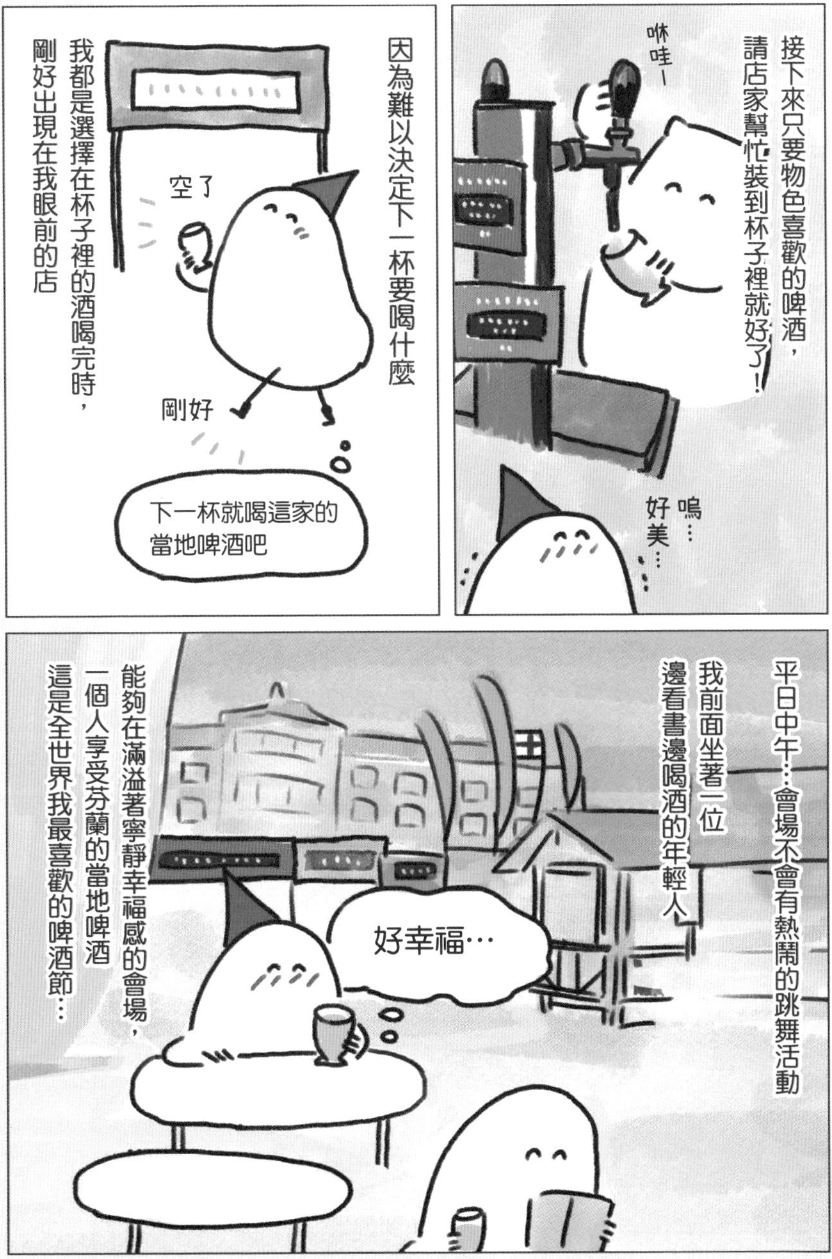
接下來只要物色喜歡的啤酒，
請店家幫忙裝到杯子裡就好了！
咻哇ー
嗚…
好美…
因為難以決定下一杯要喝什麼
我都是選擇在杯子裡的酒喝完時，
剛好出現在我眼前的店
空了
剛好
下一杯就喝這家的當地啤酒吧
平日中午…會場不會有熱鬧的跳舞活動
我前面坐著一位
邊看書邊喝酒的年輕人
好幸福…
能夠在滿溢著寧靜幸福感的會場，
一個人享受芬蘭的當地啤酒
這是全世界我最喜歡的啤酒節…

評比耶誕節啤酒超級好玩

當芬蘭全境都變得冷颼颼的時候，就是耶誕節啤酒的季節了
芬蘭酒友
哇啊～～！有好多種喔…！要買哪些呢…
KARHU
把每一種都買回來
耶誕節啤酒品酒派對開始…！
全部都喝吧
YES!!
好主意！
匡啷
匡啷
兩個人都已經醉了

POINT ★★★
第一杯
和健力士很像！
後味偏苦
※以下都是醉漢的個人感想
POINT ★
第二杯
番茄汁！
POINT ★★
第三杯
水
POINT ★★
第四杯
喝起來像奈良漬…
What's奈良漬？
POINT ★★★
第五杯
樹的味道
芝麻的味道
POINT ★★★
第六杯
煙燻啤酒
好喝
中途聊天時還玩了彩券
啊，我有買彩券，
刮刮看有沒有中獎吧～
好啊！若是中了大獎
你想做什麼？

POINT
第七杯
葡萄柚的味道
有果香味！
POINT
第八杯
就像是啤酒
HARTWALL
LAHDEN
ERIKOIS
JOULU
逐漸失去判斷力…
POINT
最高分
第九杯
PAKKAS
PAAVO
TALVIOLUT 2019
TEERENPELI
這…
好好喝！
我最喜歡這個！
比健力士
更加甘甜
我還帶了中國的
青島啤酒，一起喝吧
為何
POINT
最後的第十杯！
青島啤酒
TSINGTAO
BEER
水
試喝國外的啤酒
真的很好玩
呼～～
終於全部喝完了
肚子被酒撐得好脹
不

Buy beer on the shelves at the supermarket and have a party to drink and compare

每次去百貨公司地下街都會買太多

對喜歡啤酒和汽水的人來說，
芬蘭最大百貨公司STOCKMANN的地下街
根本是天堂
BEERS & LEMONADES
FOOD
HERKKU
DELIKATESSEN
MARKET
酒類專賣店Alko的商品非常豐富！！
好厲害
SIIDERIT
ALE
LAGER
STOUT
包裝設計也很吸引人
簡直就是藝術品！
雖然不知道嘗起來
什麼味道
好猶豫～
YES YES
我每次都會買太多
需要籃子！！
顫抖
推薦大家在地下街
順便買些起司和熟食，
來場愉快的品酒會

Take a walk through the beer and soda section in the basement of the department store

一早就在湖畔咖啡廳喝啤酒是最棒的享受

我在芬蘭有一個不敢大聲張揚的私房樂趣……
那就是去湖畔的晨間啤酒咖啡廳
KAHVILA
TYYNI
JOKA PÄIVÄ
9-20

不過，晨間啤酒咖啡廳這名字是我自己取的，
其實就是一間氣氛悠閒的湖畔咖啡廳……
我要冰淇淋…
和啤酒
Hyvä!
Kahvila Tyyni早上九點開始營業，
而且一開店就提供啤酒！

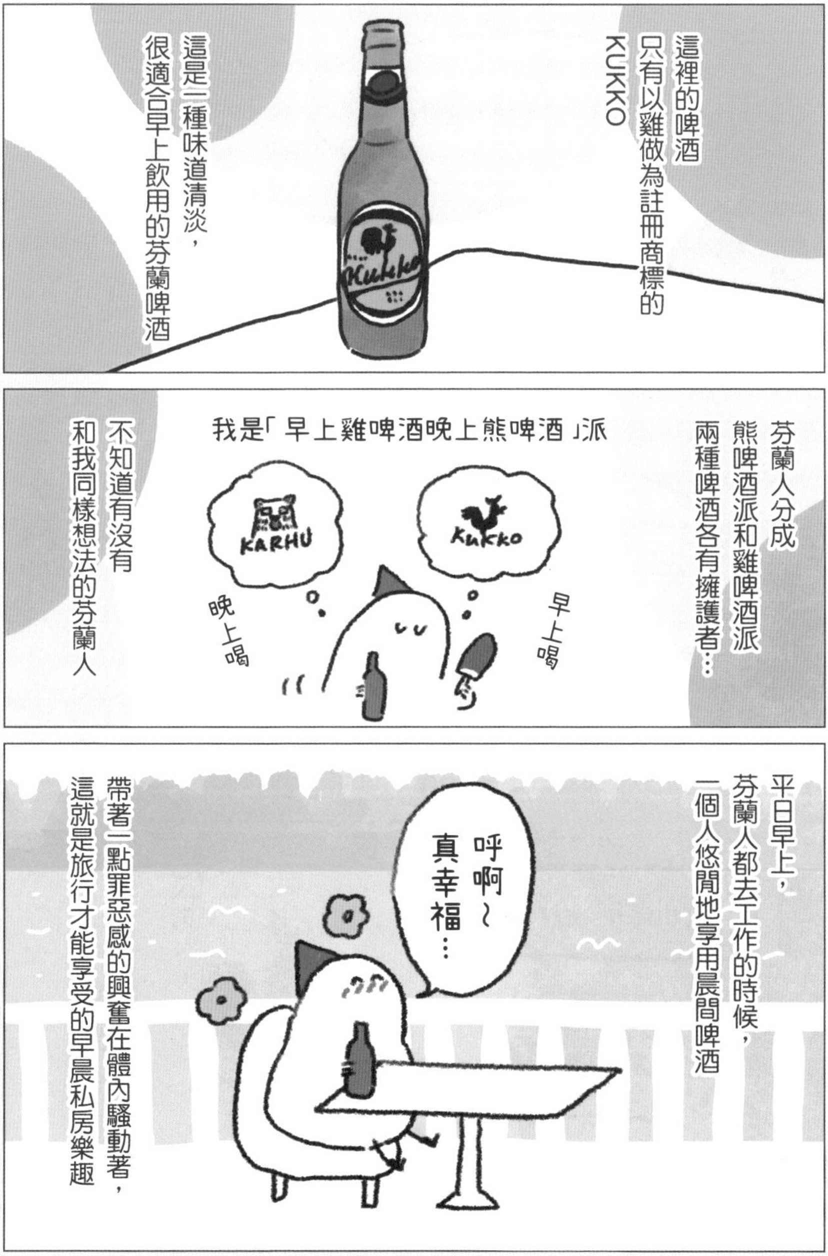
這裡的啤酒
只有以雞做為註冊商標的
KUKKO
這是一種味道清淡，
很適合早上飲用的芬蘭啤酒
芬蘭人分成
熊啤酒派和雞啤酒派
兩種啤酒各有擁護者…
早上喝
KUKKO
我是「早上雞啤酒晚上熊啤酒」派
KARHU
晚上喝
不知道有沒有
和我同樣想法的芬蘭人
平日早上，
芬蘭人都去工作的時候，
一個人悠閒地享用晨間啤酒
呼啊～
真幸福…
帶著一點罪惡感的興奮在體內騷動著，
這就是旅行才能享受的早晨私房樂趣

Column 3

和芬蘭人交朋友

經常有人問我…
要怎麼交到芬蘭的朋友啊？
透過網路
什麼!?

住在日本的芬蘭人
不到一千人…
在現實生活中遇到芬蘭人
實在太難了

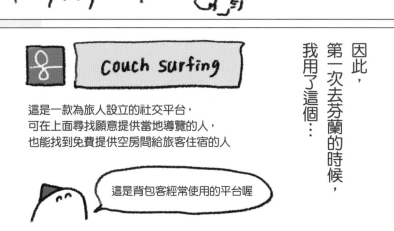

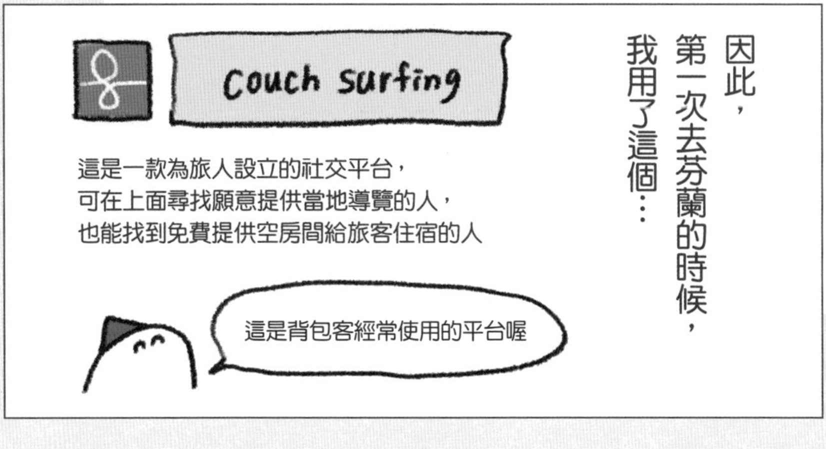
因此，
第一次去芬蘭的時候，
我用了這個…
couch surfing
這是一款為旅人設立的社交平台，
可在上面尋找願意提供當地導覽的人，
也能找到免費提供空房間給旅客住宿的人
這是背包客經常使用的平台喔

最近的話…
Airbnb
我用Airbnb租借了同一棟小屋好幾次，
於是交到了一個會對我說「歡迎回來！」的朋友
由於要收費，
用起來相對安心且簡單…
如果想結交網友，
我推薦這個…
Hello talk
這是一個語言交換APP，
可以和正在學日語的外國人說話，
透過共同話題，很容易熱絡地聊起來！
不只芬蘭語，還可以學習世界各國的語言
我喜歡吉卜力
我也是！
透過這些管道，
同樣能孕育出
持續十年以上的友情…
先透過互動
確認對方值得信任
再見面！

KARHU
KARHU
KARHU
KARHU
AUNA
1

2

SALMIAKKI
SALMIAKKI
3

TEERENPELI
4

SAIMAA
JOULUOLUT
5

ORIGINAL
6

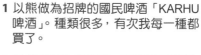

1 以熊做為招牌的國民啤酒「KARHU 啤酒」。種類很多，有次我每一種都買了。

2 以藍莓做為下酒菜，在湖畔喝啤酒。圓潤飽滿的藍莓和啤酒的味道非常搭（P66）。

3 若在 Alko 看到一整區黑壓壓的酒瓶，那就是甘草伏特加（P68）。

4 從大白天就開始在可以一人獨飲的酒吧享受新鮮的精釀啤酒（P70）。

5 耶誕節將至時，芬蘭各家啤酒廠都會推出期間限定款（P78）。

6 桑拿一定要配琴通寧調酒。從低酒精濃度到烈酒類都有（P72）。

Part 3

玩

是日本還沒
上映的片！

前往芬蘭時我會盡量搭乘芬蘭航空

芬蘭的航空公司「芬蘭航空」
設有日本與芬蘭之間的直達航班
FINNAIR
雖然我也曾為了省錢，
嘗試過不同的航空公司或路線…
如果情況允許，還是唯一推薦芬蘭航空！
搭上飛機那瞬間就能感受到濃烈的芬蘭氣息！
!?
芬蘭的味道…
廣播也是芬蘭語，
真可愛…
幸福感滿點
拿到marimekko設計的過夜包時，
簡直幸福得要飛上天…
紡織品和
過夜包套組
紙杯

在飛機上購買原創商品也是我的私房樂趣
我買
商品型錄
FINNAIR
芬蘭航空的飛機模型好可愛…
設置於機內後方的莓果汁和巧克力區
同樣令人興致高昂…
飛行時間約
九小時三十分
睡覺太浪費了，
我會邊吃東西
邊看電影
以及最重要的一點，
可以在飛機上喝到芬蘭啤酒！
KARHU
麻煩給我
KARHU啤酒！
回程也能在飛機上享受旅途的餘韻，
所以我非常喜歡芬蘭航空
喝最後一杯收尾…
咕嚕

好好欣賞芬蘭的玄關「赫爾辛基中央車站」

這裡是芬蘭的玄關「赫爾辛基中央車站」
我很喜歡雙腳踏上這裡的瞬間
FLYGPLATSEN
到了!!
雖然從機場直接搭巴士到市區相當方便，
但一邊眺望火車窗外的景色，一邊聆聽車內廣播
直到抵達中央車站的這段路程同樣很有趣

中央車站是一座用芬蘭產的岩石蓋成，
充滿個性的百年老建築
熙來攘往人們的聲音，
迴盪在廣闊的車站大廳
可能是因為來了很多次，
這棟建築物的一切都令我愛惜
VR

忍不住想和映入眼簾的一切打招呼，
真是不得了…
車站裡漂亮的燈…
看到你們就有一種
「我回來了！」的感覺
你們過得好嗎ー！
車站裡的店家們
BURGER KING
★HESBURGER★
ROBERT'S COFFEE
過了好幾年
都沒有改變的商店，
用岩石與木材建成
的車站
每次一抵達車站，
「回來」的喜悅便
湧上心頭
我又來了…
它們不只是單純的石像
搖滾樂團KISS
在赫爾辛基
開演唱會時，
石像們被畫了
臉部彩繪…
疫情爆發時
還戴了口罩
發現這些小小的變化
同樣很有趣

赫爾辛基的能量景點

說到赫爾辛基的代表性地標，
非赫爾辛基大教堂莫屬
每次來到赫爾辛基，
我一定會造訪這裡，
就像是來打個招呼
今年也來了
moi!

我經常來大教堂前的階梯
發呆
悠閒地喝咖啡
享用買回來的甜甜圈
喝著從攤販買來的檸檬飲料
全部都在
吃吃喝喝！

大教堂經常舉辦季節活動，
前來觀賞也非常有趣
小巧可愛的耶誕市集
跨年倒數的煙火
3€
五一節(Vappu)會擺設
媽媽手作點心攤
2€
5€

赫爾辛基大教堂和萬里晴空
非常相配
如果看到晴空下的大教堂，
那天一定會發生好事…
由於畫面實在太美，
不知何時開始，我心裡便有了這樣的信念
今天真幸運！
喀擦

來芬蘭我一定會租借公寓

在小旅行中擁有自己的家，
會有一種開啟新生活的感覺，
令人興奮無比
最近只要透過Airbnb，
不論是誰都能輕而易舉租到公寓

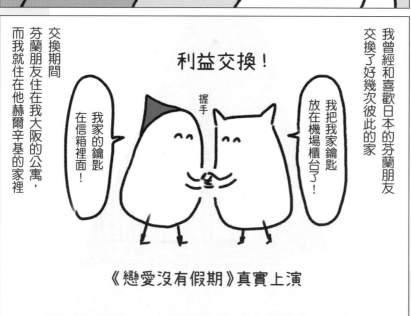

我曾經和喜歡日本的芬蘭朋友
交換了好幾次彼此的家
利益交換！
我把我家鑰匙
放在機場櫃台了！
握手
我家的鑰匙
在信箱裡面！
交換期間
芬蘭朋友住在我大阪的公寓，
而我就住在他赫爾辛基的家裡
《戀愛沒有假期》真實上演

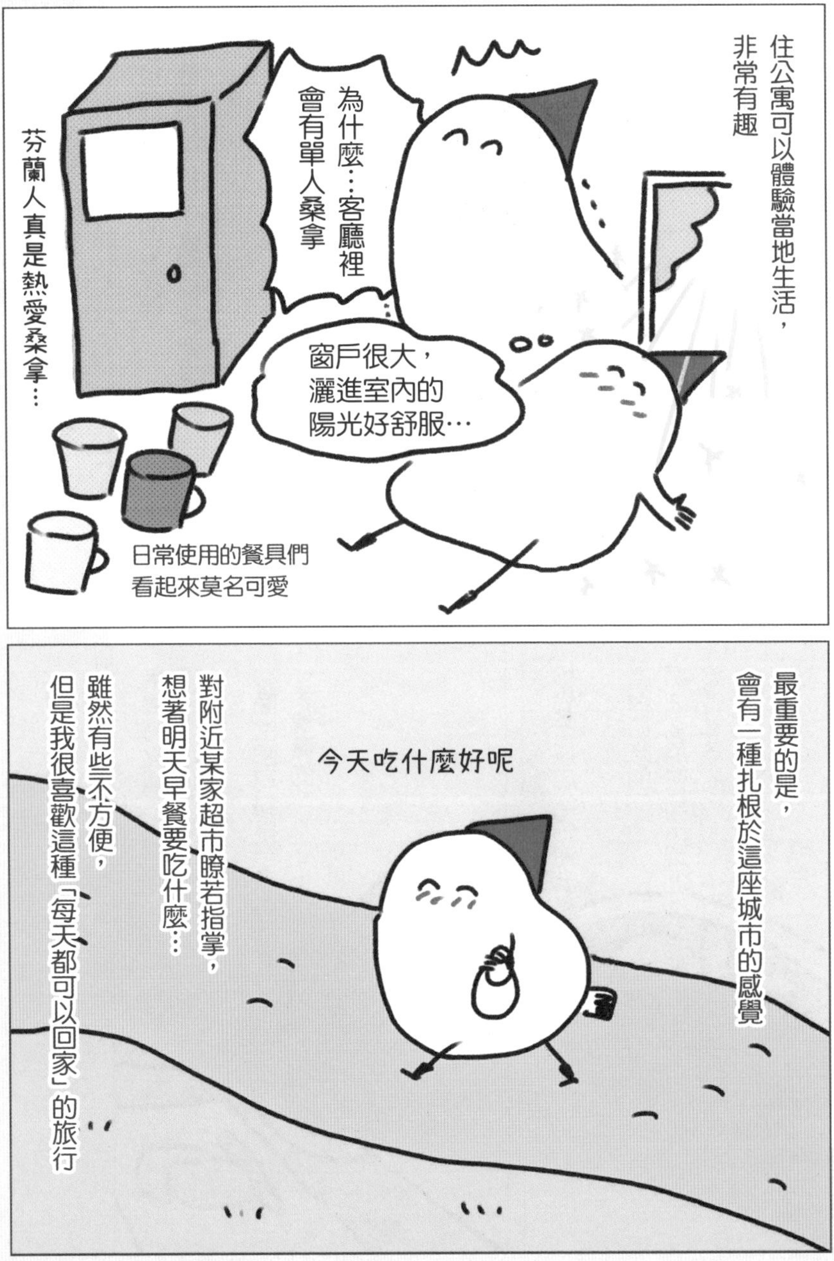
住公寓可以體驗當地生活，
非常有趣
為什麼…客廳裡
會有單人桑拿
芬蘭人真是熱愛桑拿…
窗戶很大，
灑進室內的
陽光好舒服…
日常使用的餐具們
看起來莫名可愛
最重要的是，
會有一種扎根於這座城市的感覺
今天吃什麼好呢
對附近某家超市瞭若指掌，
想著明天早餐要吃什麼…
雖然有些不方便，
但是我很喜歡這種「每天都可以回家」的旅行

準備只有在芬蘭才吃得到的早餐

我很喜歡在租借的公寓裡，
悠哉地起床梳洗，隨興地料理早餐
咖啡豆是在超市買的
Paulig
WATSA KAHWI
kaffa Roastery
咕嘟咕嘟…
首先，用超市買回來的芬蘭咖啡豆
沖一杯熱咖啡
接著將火腿、小黃瓜
和起司切好備用
芬蘭的起司都是一大塊
一大塊賣的
絕對不能忘記奶油乳酪！
各種口味的
奶油乳酪在超市架上
擺得滿滿的
也有大蒜或
甘草口味…！
Valio
VIOLA
MAUSTAMATON
eila

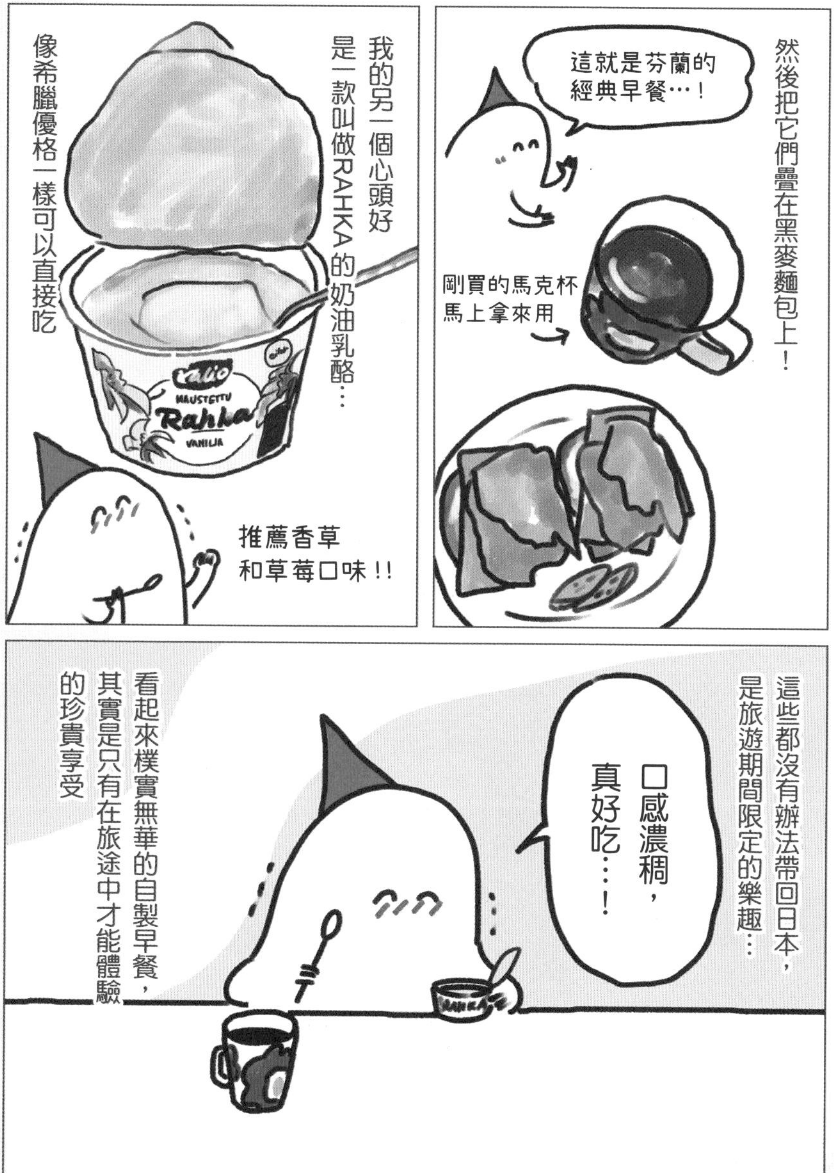
然後把它們疊在黑麥麵包上！
這就是芬蘭的經典早餐…！
剛買的馬克杯馬上拿來用
我的另一個心頭好
是一款叫做RAHKA的奶油乳酪…
像希臘優格一樣可以直接吃
valio
MAUSTETTU
Rahka
VANILJA
推薦香草和草莓口味!!
這些都沒有辦法帶回日本，
是旅遊期間限定的樂趣…
口感濃稠，
真好吃…！
看起來樸實無華的自製早餐，
其實是只有在旅途中才能體驗
的珍貴享受
RAHKA

每次來芬蘭，總想在湖畔享受悠閒時光

今天我為了做露營料理
而前往湖畔
目的地是距離赫爾辛基將近二小時路程，
被大自然環繞的Nuuksio National Park

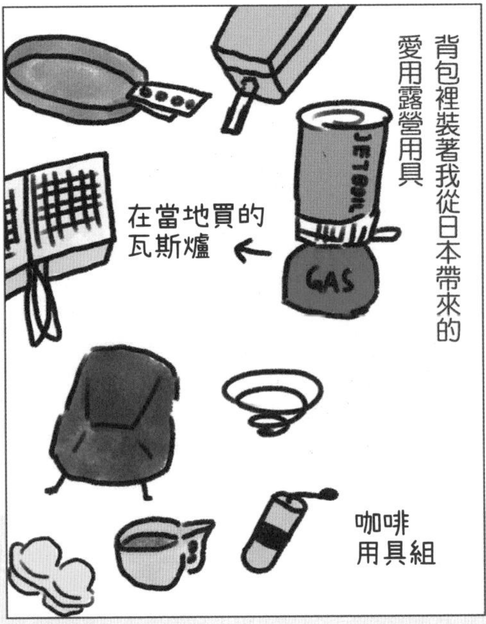
背包裡裝著我從日本帶來的
愛用露營用具
JETBOIL
GAS
在當地買的
瓦斯爐
咖啡
用具組

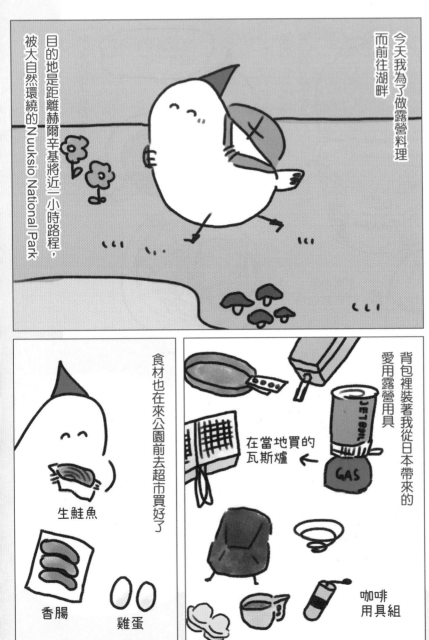

食材也在來公園前去超市買好了
生鮭魚
香腸
雞蛋

啊，是杉菜
摘來吃吧
接著在湖畔的柴火場開始料理
杉菜炒蛋
翻炒
翻炒
滋滋
咻
咻
咕嚕咕嚕
完成了
露營料理
…!?
就這樣在湖畔
悠閒自在地度過一整天
悠哉
餐後咖啡
不過，一堆水鳥會聚集過來
抱歉啊…
給我
香腸
想吃
香腸

每次來芬蘭，我都會在湖畔悠哉地做木工

其實我在木工方面只是初學者
昨天在赫爾辛基的戶外用品店
看到一把木雕刀，一時衝動就買了
憑著一股氣勢和憧憬，
決定來做一支白樺木湯匙，
於是開始認真挑選木材
MUSTALAMPI

距離赫爾辛基將近一小時路程的
Nuuksio National Park裡設有柴火場，
旁邊的小屋裡堆滿了燒柴用的白樺木材，
可以自由取用
今天就借走一根木材……
決定就是你了

鋸木頭…
鋸啊鋸
削木頭…
我削…
ハァ ハァ
這手法
令人害怕…

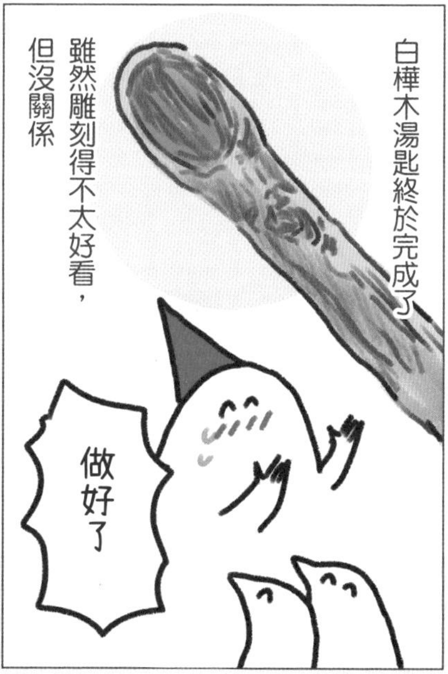
白樺木湯匙終於完成了
雖然雕刻得不太好看，
但沒關係
做好了

…我也常在芬蘭的湖畔一個人扮演阿金※
悠閒…

※譯：《嚕嚕米》裡的角色

芬蘭的海上似乎住著靈感之神

每到夏天，
我就會出海玩立式划槳（SUP）

出發地點是一間位於
赫爾辛基海邊的小屋
Hakuna Matata SUP Rental
這是一間僅夏季營業的
立式划槳出租商店
SUP RENTAL

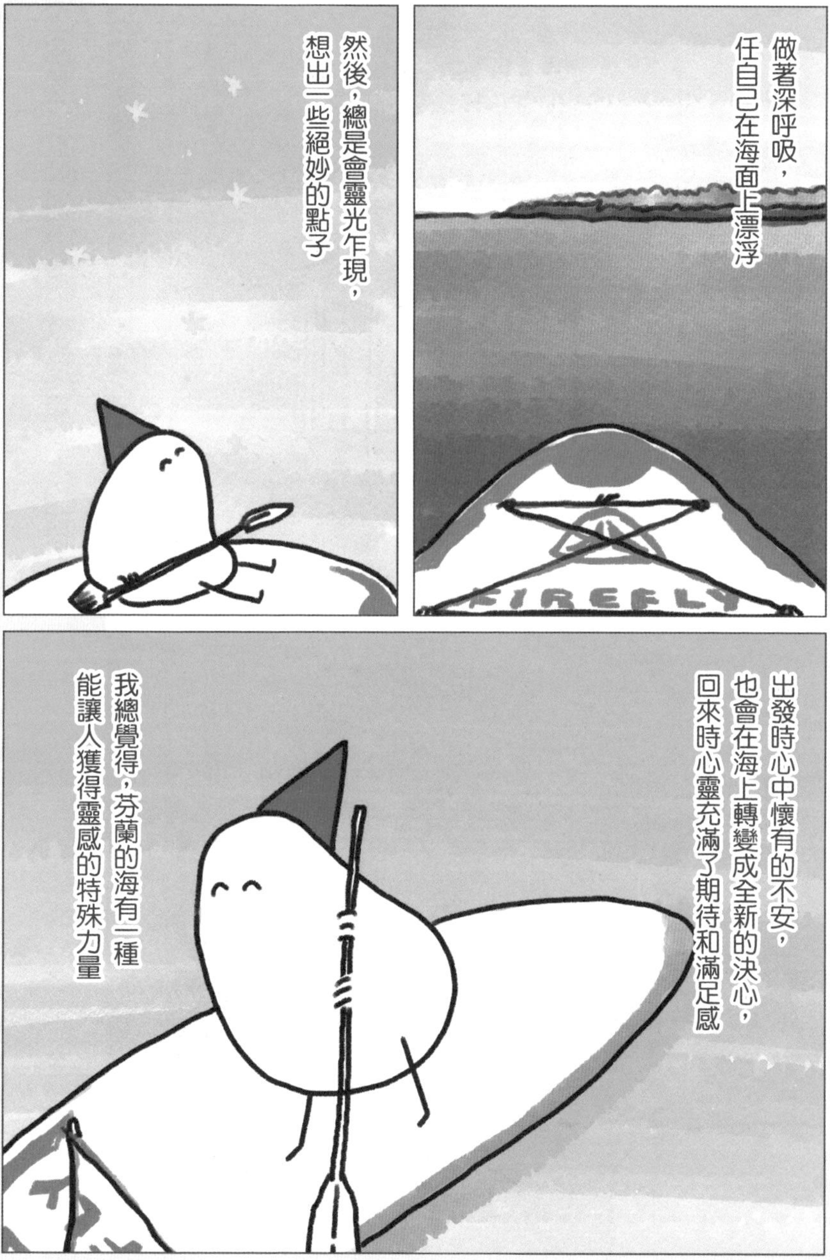
做著深呼吸，
任自己在海面上漂浮
FIREFLY
然後，總是會靈光乍現，
想出一些絕妙的點子
出發時心中懷有的不安，
也會在海上轉變成全新的決心，
回來時心靈充滿了期待和滿足感
我總覺得，芬蘭的海有一種
能讓人獲得靈感的特殊力量

我很喜歡在芬蘭租小屋，享受一個人的時光

許多芬蘭人都在鄉下
擁有一間夏季度假小屋
我個人有一間很中意的小屋
只要利用Airbnb，就能租借到這間庭院裡
有松鼠跑來跑去的湖畔小屋

咖啡機、餐具等生活必需品
一應俱全
小屋裡附有燒柴的桑拿和小廚房
閣樓裡有一張小床
一個人住剛剛好

抵達小屋後，首先去附近超市採買
這幾天的食材
接著生起柴火，開始烤香腸
這是我入住第一天的例行公事

一定要搭配啤酒…
享用烤得焦香的香腸大餐
買太多了…

這裡只聽得到魚躍出水面的聲音、
鳥鳴與柴火聲
結伴旅行當然很好，
但我也相當享受像這樣遺世獨立的時光

我很喜歡在湖畔邊吃三明治邊沉思

住在芬蘭小屋的這段時間……
我很喜歡一個人
慢慢地思考未來

把椅子和泡好的咖啡
拿到湖畔的棧橋上
有大把大把的時間可以享受……
一邊欣賞風景一邊喝咖啡，
隨意記下閃過腦海的想法

肚子餓了就做點三明治
在烤過的麵包上
擺放煙燻鮭魚或鮪魚
再塗上鮮蝦沙拉醬即可
ISHAVSSA

在大晴天湖畔享用的三明治是人間美味……
平常總是光為了眼前的事就應接不暇，
這裡，則是個適合思考長遠規劃的地方

有柴火爐桑拿的生活讓人感受自由的美好

在度假小屋和芬蘭朋友一起喝酒…
肚子餓了
有香腸喔
好耶～～～！
開始在桑拿房裡烤香腸…
SAUNA
滋滋作響
在桑拿烤爐裡倒入啤酒
滋～～～
※有獲得主人同意

這是啤酒煙燻桑拿
有麵包的香味…
煙霧繚繞
煙霧繚繞
出發吧！
好——！！
果然還是要去…
月光映照下，跳進湖裡游泳
嘩啦
嘩啦
接著，頂著一頭溼漉漉的頭髮，享用剛烤好的香腸和啤酒…
啊～～當大人真好
對啊…
這就是極致的自由哪

做完桑拿後，跳進嚴冬結凍的湖裡

芬蘭是桑拿發源地
跳進湖裡的瘋狂行為，
對許多芬蘭人來說是理所當然的習慣
耶～
無法理解
第一次到訪芬蘭時，
我就決定一定也要跳進湖裡看看
當時赫爾辛基市內沒有可以跳進湖裡的桑拿設施，
我搭乘巴士來到森林內的桑拿Cafe Kuusijärvi
一片寂靜…
VANTAAN ULK
真的是這裡嗎…
櫃台就在咖啡廳裡面
全裸地進入男女分開、煙霧繚繞的桑拿室
由於客人幾乎都是當地人，桑拿的溫度熱到不行
好燙啊啊啊
如果被人押來這裡
接受拷問，我一定會
被這熱度嚇到
驚恐而死…
要澆水囉
唰～～～～～

旁邊的女生看到因為不懂桑拿流程而手足無措的我，親切地向我搭話
你是日本人嗎？
對
唉呀！那我們一起去跳湖吧
好、好啊！
匆促地穿上泳衣後，我光著腳在負二十度的雪地上奔跑！
從這裡下去喔～
好～
身體還很熱，所以完全不會冷
五秒就是極限…！
輕鬆自在
啊——
加油喔～
當地的大叔
不過，從湖中出來後完全不會感到冷，身體還變得像空氣般輕盈
所以我每天都會來
感覺很療癒對吧？
對啊…！
之後我做了三個循環
這…這真的很療癒啊…！

我很喜歡去芬蘭的電影院

我很喜歡國外的電影院
在芬蘭，我常去的電影院是
Finnkino Tennispalatsi
FINNKINO
FINNKINO

就算語言不通，
光是看看芬蘭的電影都很有趣
也可以觀賞日本還沒上映的電影
這是日本
還沒上映的片！

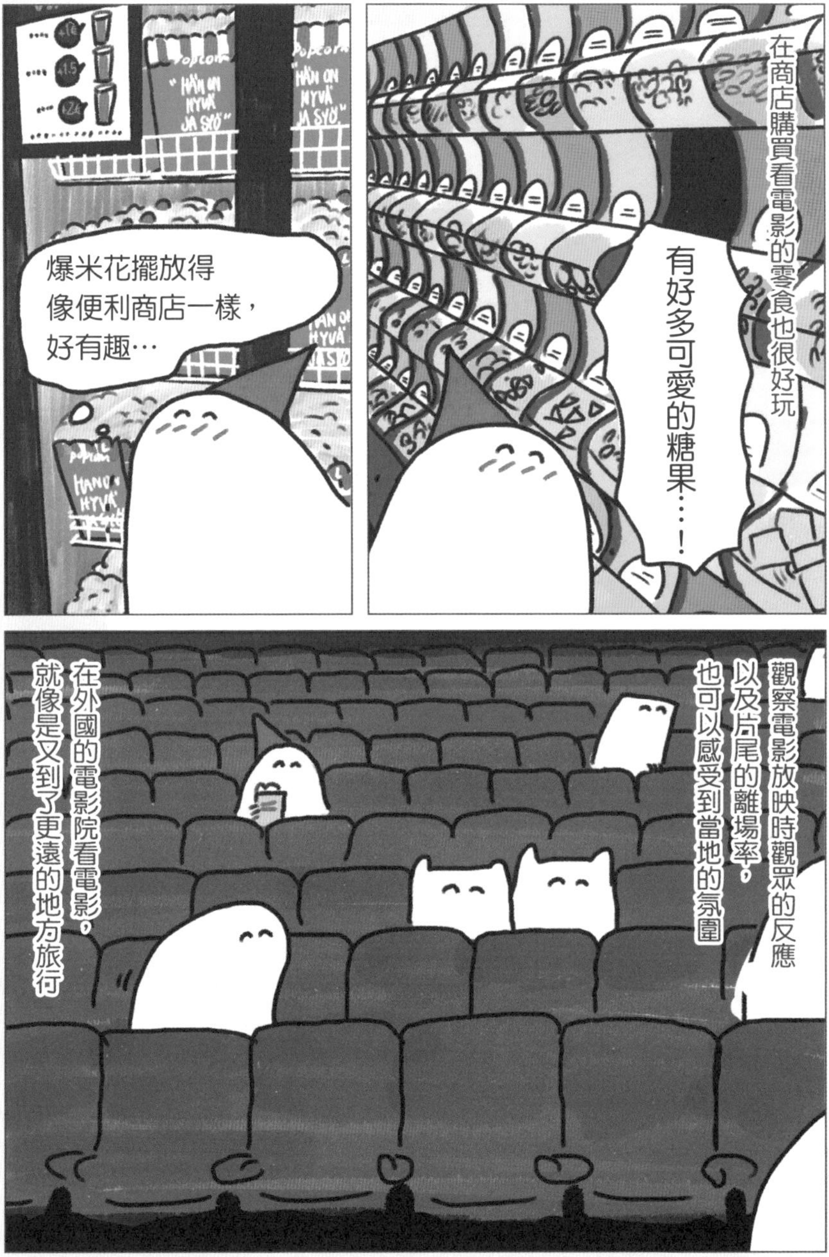
爆米花擺放得
像便利商店一樣，
好有趣…
在商店購買看電影的零食也很好玩
有好多可愛的糖果…！
觀察電影放映時觀眾的反應
以及片尾的離場率，
也可以感受到當地的氛圍
在外國的電影院看電影，
就像是又到了更遠的地方旅行

前往電影《海鷗食堂》取景地的書店咖啡廳

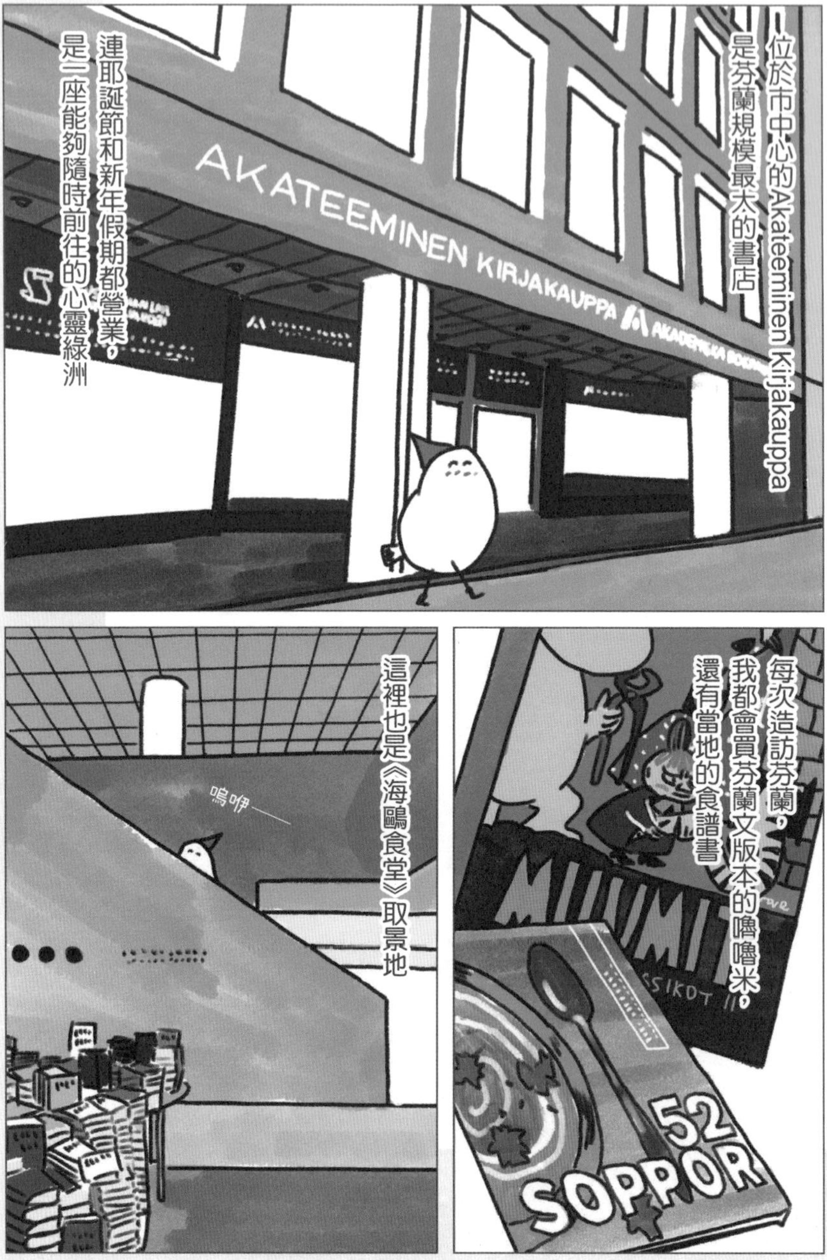
位於市中心的Akateeminen Kirjakauppa
是芬蘭規模最大的書店
AKATEEMINEN KIRJAKAUPPA
連耶誕節和新年假期都營業，
是一座能夠隨時前往的心靈綠洲
每次造訪芬蘭，
我都會買芬蘭文版本的嚕嚕米，
還有當地的食譜書
52 SOPPOR
這裡也是《海鷗食堂》取景地
嗚咿——

電影中兩位日本主角就是在
二樓的咖啡廳Café Aalto相遇…
AALTO
我最喜歡這裡的
卡布奇諾和藍莓派了…
興奮到顫抖…
CAFE AALTO
在這間書店咖啡廳裡
啜飲著卡布奇諾，
一邊回憶電影情節悠閒放空
那個人…看起來
像是日本人耶
和我一樣
一個人旅行嗎？
可能是因為這樣，
在這裡遇到的日本人
都讓我覺得更加親切

我很喜歡在當地買ＣＤ

最後一次在日本買ＣＤ
是什麼時候呢…
ＣＤ是個我早就已經不買的東西，
來到芬蘭卻一定會買ＣＤ回去

赫爾辛基街上的唱片行雖然逐漸減少，
不過，我常去的那家巷弄中的店
Levykauppa Keltainen Jäänsärkijä
現在仍然持續營業著
Moi（你好）
Moi（你好）
小小的店內被ＣＤ塞得滿滿當當…
可能是因為老闆喜歡重金屬，
店裡總是播放著重金屬音樂，
店員也都穿著重金屬風格的T恤

有時候買我關注的藝人出的新專輯
有時候漫無目的地根據封面挑選，或請當地人推薦
我平常聽這位藝人的歌，請問有沒有特別推薦哪張專輯呢？
我推薦這張！
回日本後，每次聽買回來的ＣＤ，都會回想起那一年的旅行回憶
在旅行地買ＣＤ，就像在為那場旅行挑選配樂，是一件令人感到幸福的事

我很喜歡在旅行地來一場沒有目的的旅行

一個悲傷的日子裡
我想遠走高飛
到赫爾辛基以外的地方
好想遠走高飛…
但是不知道要去哪
那就現在開始找
打開
幸運的是，北歐夏天活動多到目不暇給
民俗音樂節
啤酒節
重金屬音樂節
咖啡節
奇蹟似地發現隔天有一場音樂節
我喜歡的歌手會出場!!

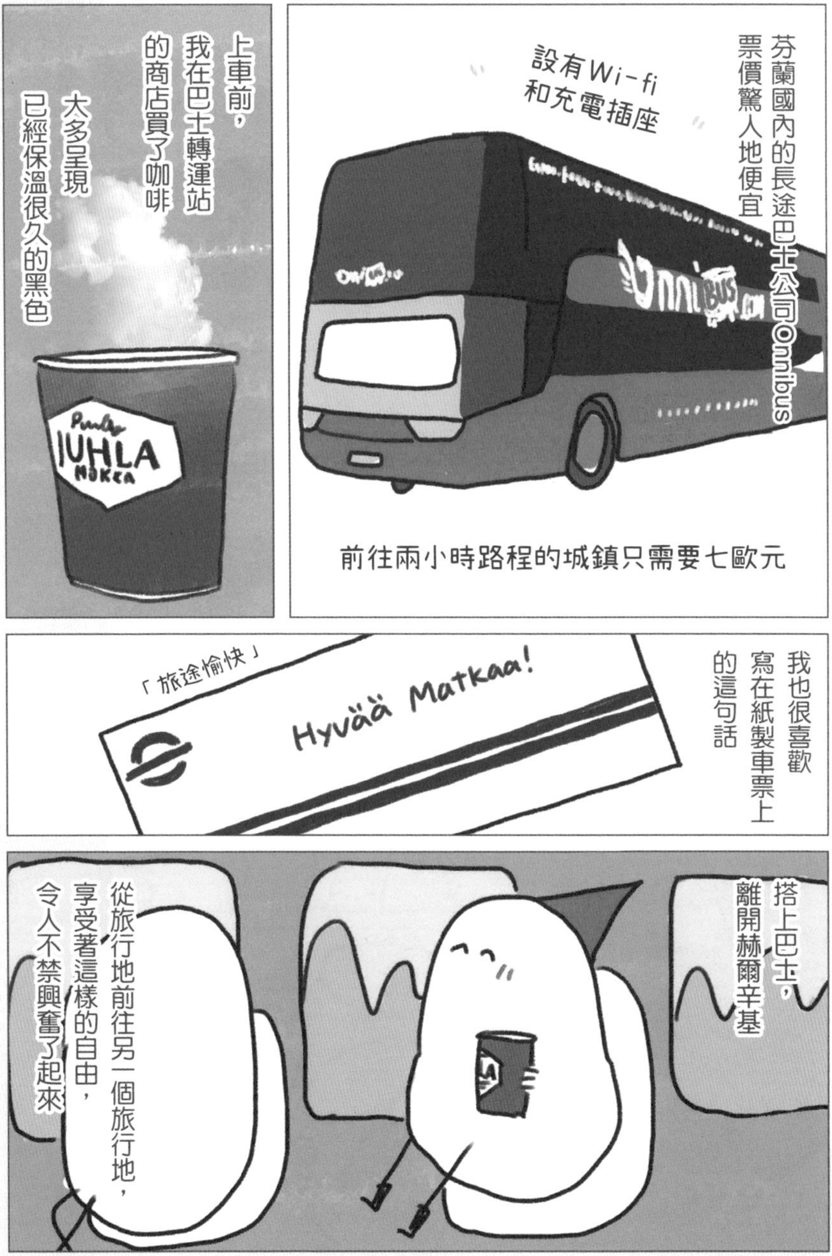
芬蘭國內的長途巴士公司Onnibus
票價驚人地便宜
設有Wi-fi
和充電插座
前往兩小時路程的城鎮只需要七歐元
上車前，
我在巴士轉運站
的商店買了咖啡
大多呈現
已經保溫很久的黑色
JUHLA
MOKKA
我也很喜歡
寫在紙製車票上
的這句話
「旅途愉快」
Hyvää Matkaa!
搭上巴士，
離開赫爾辛基
從旅行地前往另一個旅行地，
享受著這樣的自由，
令人不禁興奮了起來

我很喜歡參加芬蘭的音樂節

憑著一股衝動，我獨自來到鄉間的音樂節會場，
參加今明兩天的活動
一眼望去完全看不到亞洲臉孔
距離我想看的樂團出場時間，
還有八個小時……（活動持續到深夜）

先來喝酒吧！

喜歡音樂的大叔
請我喝了酒
KIPPIS！（乾杯）
你很會喝耶～！
乾杯！

會場還有充滿芬蘭風格的
音樂節料理和雞尾酒攤位
不知道為什麼還有烤全豬的攤位
北歐琴通寧
鮭魚排

在表演前一小時先到第一排卡位
興奮不已
終於……
開始了……!
那個瞬間就像是神降臨在我的眼前
哇啊啊啊啊
至今為止
只在專輯裡聽過的歌聲……
只在YouTube看過的身影……
哇啊啊啊是我最喜歡的那首歌 居然改編成這樣 只
聽過 好新鮮
看到本人
來他們
感激
然後是大合唱!
原來知道這首歌的
不只我一個
$%︿#%@%!%%$︿%@$#(芬蘭語)
從音樂節回來的時候幸福度破千……
音樂果然無國境
真是來對了

我很喜歡在芬蘭的漫漫長夜裡享受燭光咖啡

芬蘭的冬天夜晚很長，
太陽在下午兩點就西下，迎來漫漫長夜…
我第一次造訪芬蘭，
就是一個如此長夜漫漫的冬日
又黑又冷的冬天晚上，
我會點起蠟燭，再沖杯咖啡

許多芬蘭家庭都用iittala燭台
蠟燭的火光隔著厚厚一層的彩色玻璃搖曳著
每次去芬蘭，
我都會買一個新顏色的燭台
iittala
iittala
iittala

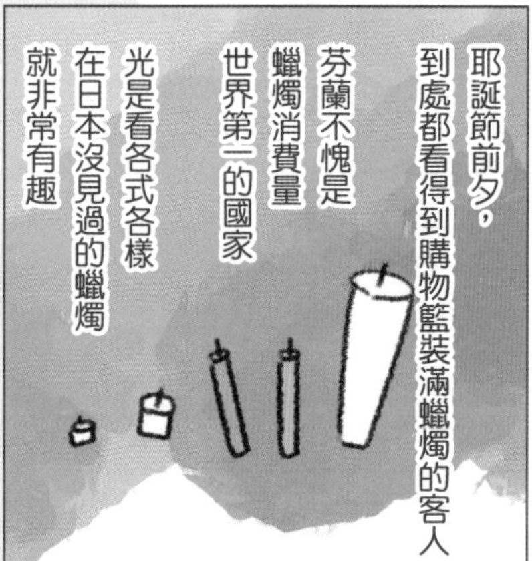
耶誕節前夕，
到處都看得到購物籃裝滿蠟燭的客人
芬蘭不愧是
蠟燭消費量
世界第一的國家
光是看各式各樣
在日本沒見過的蠟燭
就非常有趣
室外蠟燭好大！

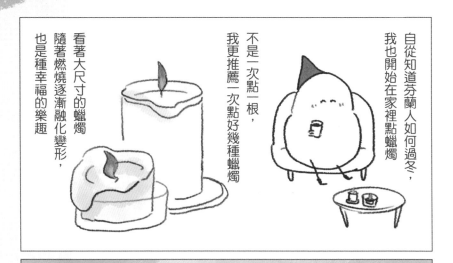

自從知道芬蘭人如何過冬，
我也開始在家裡點蠟燭
不是一次點一根，
我更推薦一次點好幾種蠟燭
看著大尺寸的蠟燭
隨著燃燒逐漸融化變形，
也是種幸福的樂趣

……話說回來，
芬蘭人雖然話不多，
但說話時都會直視對方眼睛
不對，不只是說話，
有時候他們也會
和你靜靜地四目相對
盯……
瑟瑟
發抖
我始終沒有辦法習慣，
最後總會受不了
先行移開視線

如果這時候有咖啡，
視線就會自然地轉移，幫上大忙
在芬蘭，咖啡是一種溝通工具
看著咖啡
邊欣賞搖曳的燭光邊慢慢地喝咖啡
這樣的冬日時光非常撫慰人心
也成了我回日本後的日常習慣

我很喜歡芬蘭的冬天

冬天造訪芬蘭，
心情總比夏天還雀躍
到了！

一出機場就被刺骨的冷空氣包圍，
全身都強烈感受到
我來到芬蘭了！
這種清爽乾燥的冷
不像溼冷那樣令人不適，
雖然是零下二十度，
卻令人感到舒爽
每次深呼吸，
身體就像被淨化了般，
能感受到凜冽的冷空氣在體內流動
吸
吐

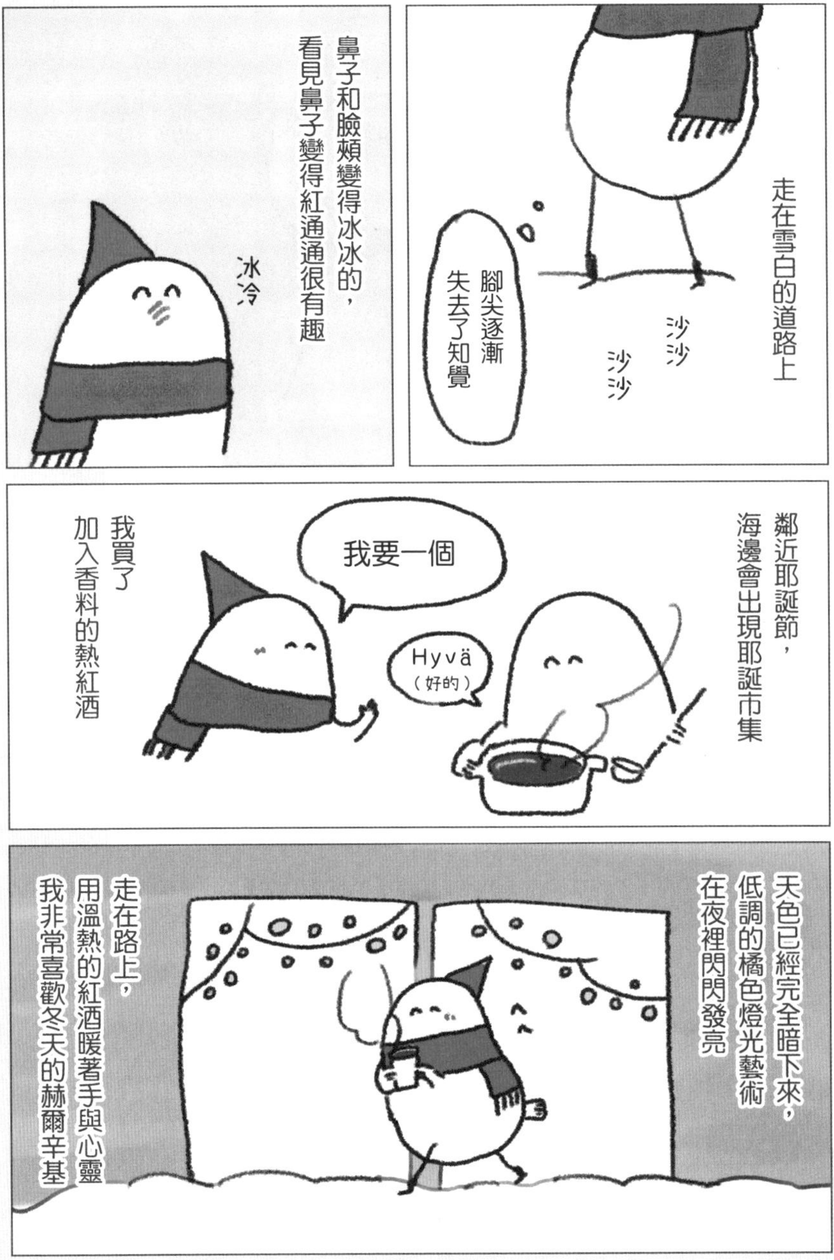
走在雪白的道路上
沙沙
沙沙
腳尖逐漸
失去了知覺
鼻子和臉頰變得冰冰的，
看見鼻子變得紅通通很有趣
冰冷
鄰近耶誕節，
海邊會出現耶誕市集
我要一個
Hyvä
（好的）
我買了
加入香料的熱紅酒
天色已經完全暗下來，
低調的橘色燈光藝術
在夜裡閃閃發亮
走在路上，
用溫熱的紅酒暖著手與心靈
我非常喜歡冬天的赫爾辛基

製作芬蘭的著名點心——耶誕風車酥

風車酥（Joulutorttu）是耶誕節時芬蘭家家戶戶都會做的點心
今天在家一起做耶誕風車酥吧！
什麼！你會做點心!?
某一年，平常不下廚的朋友邀請我到家裡做耶誕風車酥
連不下廚的朋友都會做的原因是…
GET!
超市就有賣專用的酥皮和果醬！
從正方形酥皮的四個角往中間切開，再放上李子果醬就行了
自信滿滿

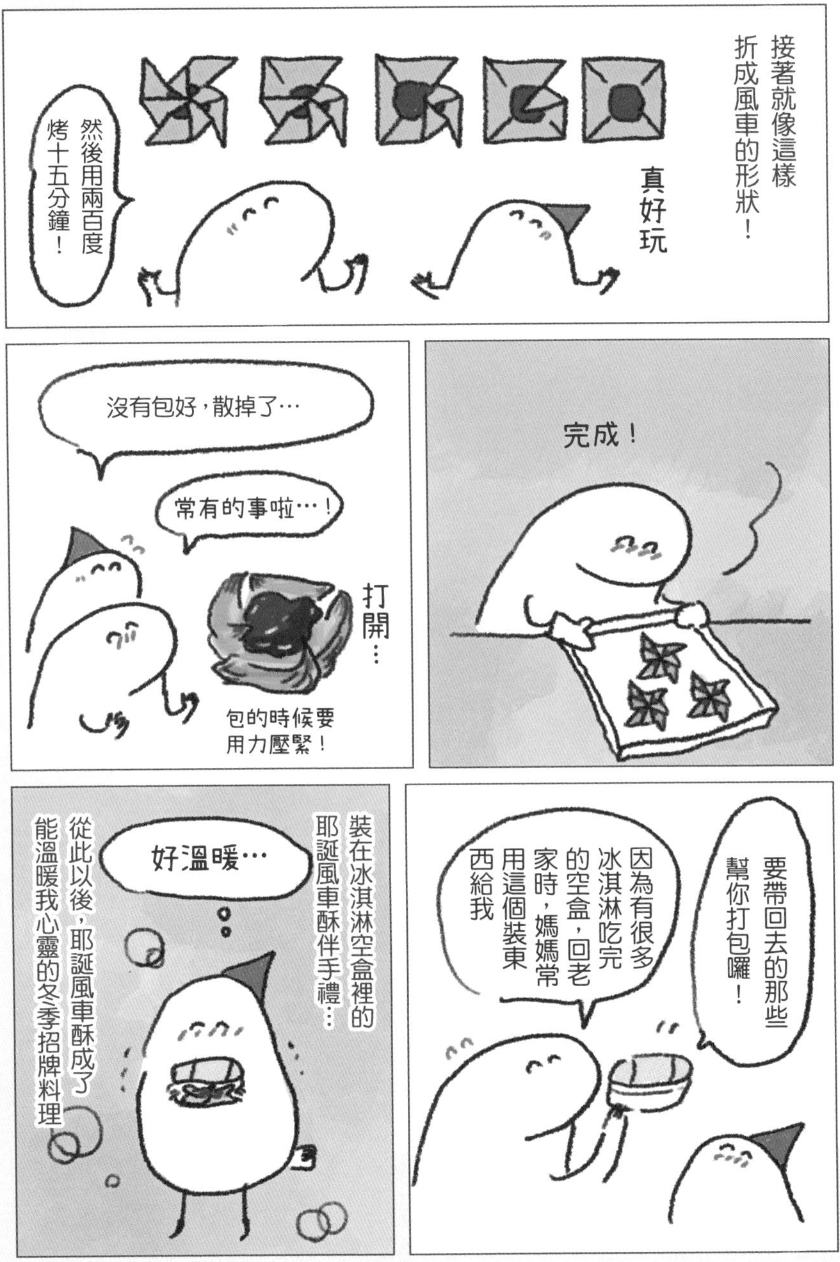
接著就像這樣折成風車的形狀！
真好玩
然後用兩百度烤十五分鐘！
完成！
沒有包好，散掉了…
常有的事啦…！
打開…
包的時候要用力壓緊！
要帶回去的那些幫你打包囉！
因為有很多冰淇淋吃完的空盒，回老家時，媽媽常用這個裝東西給我
裝在冰淇淋空盒裡的耶誕風車酥伴手禮…
好溫暖…
從此以後，耶誕風車酥成了能溫暖我心靈的冬季招牌料理

到能夠輕鬆前往的小島上野餐

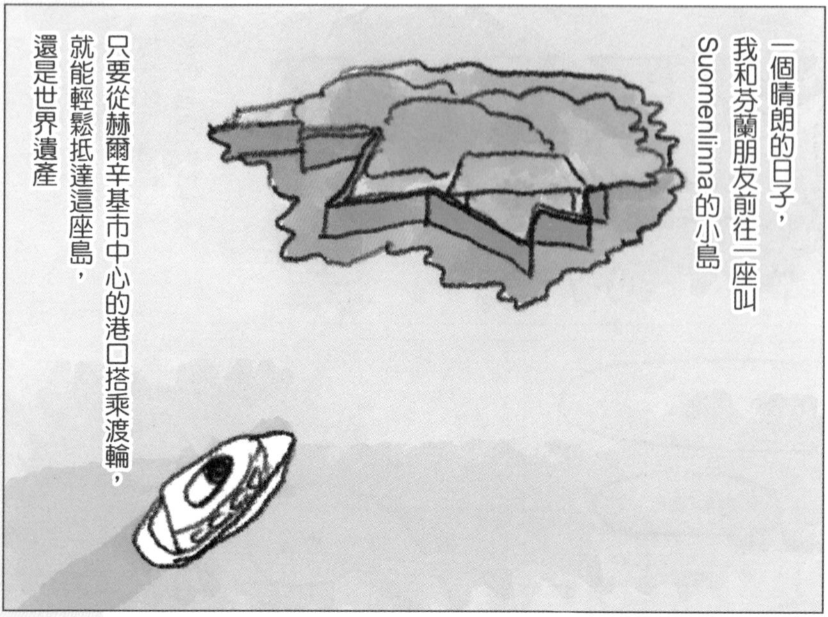
一個晴朗的日子，
我和芬蘭朋友前往一座叫
Suomenlinna的小島
只要從赫爾辛基市中心的港口搭乘渡輪，
就能輕鬆抵達這座島，
還是世界遺產

抵達之後，
到島上的超市採購食物
買這個義式香腸組合吧！
我也想吃吃看這種麵包！

我們在一棵大樹下的長椅坐定，
以琴通寧調酒小酌一番
Kippis！（乾杯）
喀嚓

最近過得如何啊？
發生了很多事呢
雖然說的話不多，但可以知道彼此這一年似乎都過得很艱難…沐浴在穿透樹蔭的陽光下，我這麼想著
有時候真的覺得人生很難
對啊
最後再次橫渡蔚藍的海洋，回到赫爾辛基的街道上…
感覺好像整個人都煥然一新了

我很喜歡從船上眺望赫爾辛基

從船上眺望的赫爾辛基街景
美不勝收

從Suomenlinna回來的路上…
我很喜歡在返回赫爾辛基的渡輪上
遠眺對岸的街景

我有兩個特別喜歡的景點
第一個是美麗的藍色摩天輪
這座摩天輪就像玻璃珠一樣閃亮耀眼，
為街道妝點色彩

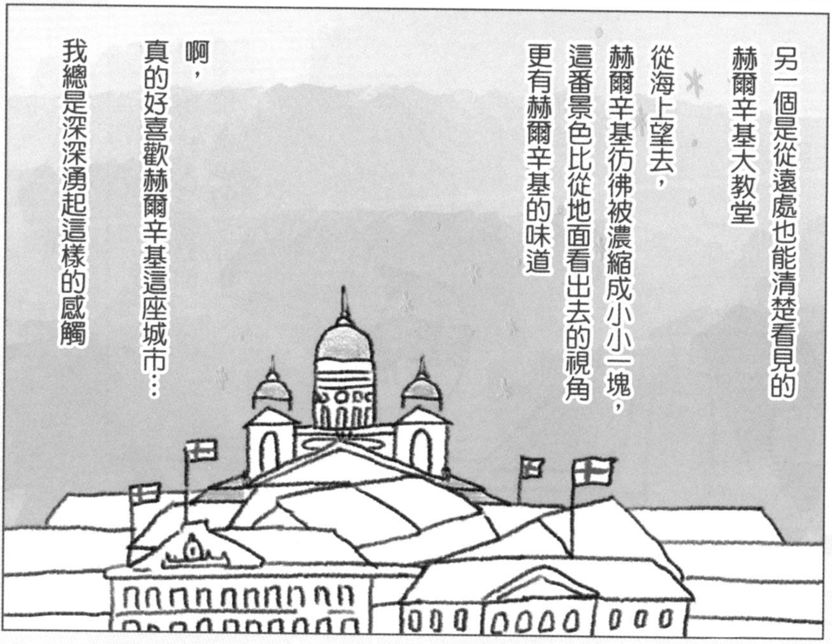
另一個是從遠處也能清楚看見的
赫爾辛基大教堂
從海上望去，
赫爾辛基彷彿被濃縮成小小一塊，
這番景色比從地面看出去的視角
更有赫爾辛基的味道
啊，
真的好喜歡赫爾辛基這座城市…
我總是深深湧起這樣的感觸

感受芬蘭特有的安靜

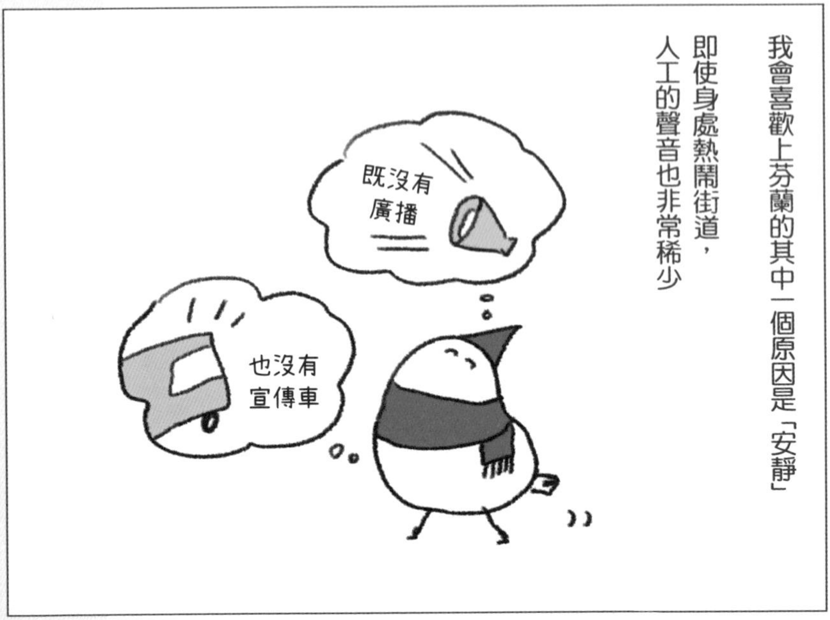
我會喜歡上芬蘭的其中一個原因是「安靜」
即使身處熱鬧街道，
人工的聲音也非常稀少
既沒有廣播
也沒有宣傳車

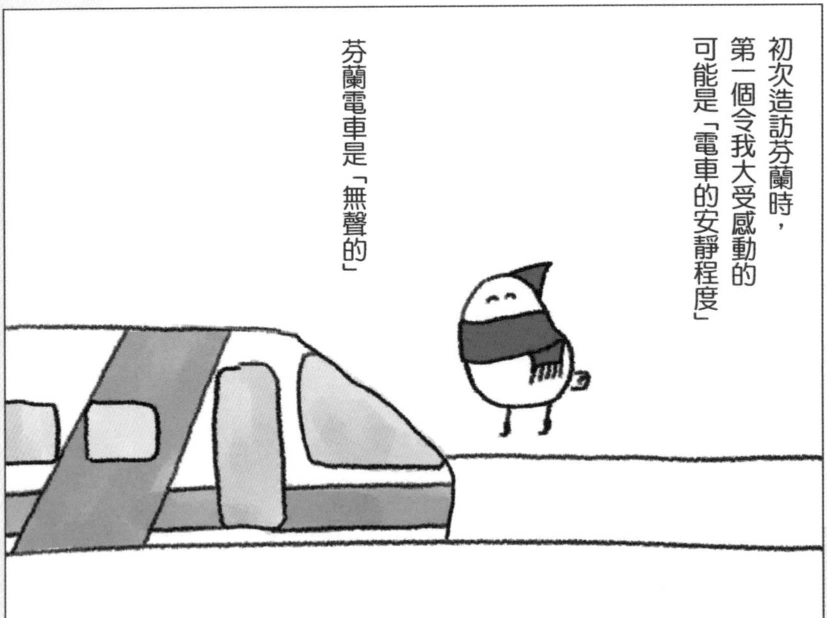
初次造訪芬蘭時，
第一個令我大受感動的
可能是「電車的安靜程度」
芬蘭電車是「無聲的」

日本
六號線列車即將進站，請在黃線後等待
六號線列車車門即將關閉，請各位旅客注意
本次搭乘的六號線列車開往須磨，途中各站停靠
本車站全面禁菸，敬請配合
芬蘭
靜悄悄…
沒聲音…
列車默默地進站，又默默地離站…
啊，來到芬蘭了
感受著這份幾乎令人覺得空洞的安靜，我不禁靜靜地笑了起來
聲音的留白也是心靈的留白
芬蘭這份令人舒適的安靜，是我的最愛

試著在芬蘭製作日本料理

某一年，我受邀參加芬蘭朋友的派對
好像每個人都要自備料理
想做日本料理
招待大家！
我在租來的公寓房間裡下了決心，
決定在芬蘭親手製作日本料理
馬上前往超市採買材料…
有賣海苔！
連無麩質的醬油
都有…
海苔
因為是採買自己平常在用的日本食材，
更加深切感受到
日本與芬蘭飲食文化的差異
果然沒有
火鍋牛肉片
和豬肉片…
沒辦法做肉捲了～

赫爾辛基有一家叫Tokyokan的
日本食材和廚房用品專賣店
哇～
芬蘭人竟然在買
納豆…
看到芬蘭人熟稔地購買
日本食品的身影，
我感到莫名雀躍

最後決定做這三道料理！
日式炸雞塊
高湯蛋捲
醃漬入味
鮭魚壽司捲
捲起來

好好吃！
要怎麼做出
這麼
漂亮的蛋?!
用模具壓出來的
裝飾胡蘿蔔真可愛，
好有日本風格～！
朋友們的反應讓我很開心，
回日本前下定了決心
「要讓手藝變得更好……！」

我很喜歡芬蘭重金屬音樂祭的喧鬧感

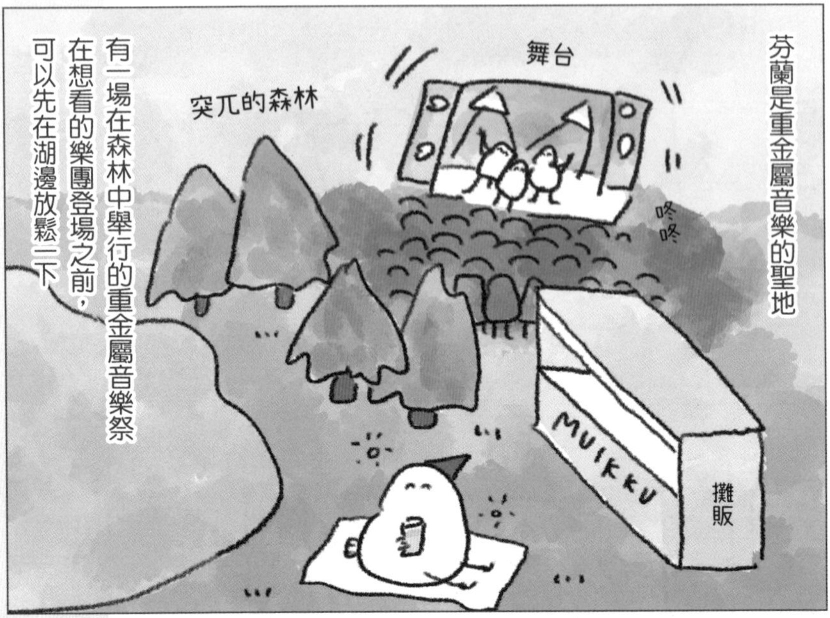
芬蘭是重金屬音樂的聖地
有一場在森林中舉行的重金屬音樂祭
在想看的樂團登場之前，
可以先在湖邊放鬆一下
舞台
突兀的森林
咚咚
MUIKKU
攤販

來到音樂祭會場的人，
幾乎都穿著自己喜歡的樂團T恤
於是我也跟著買了T恤
我要這件
hyvä
（好的）

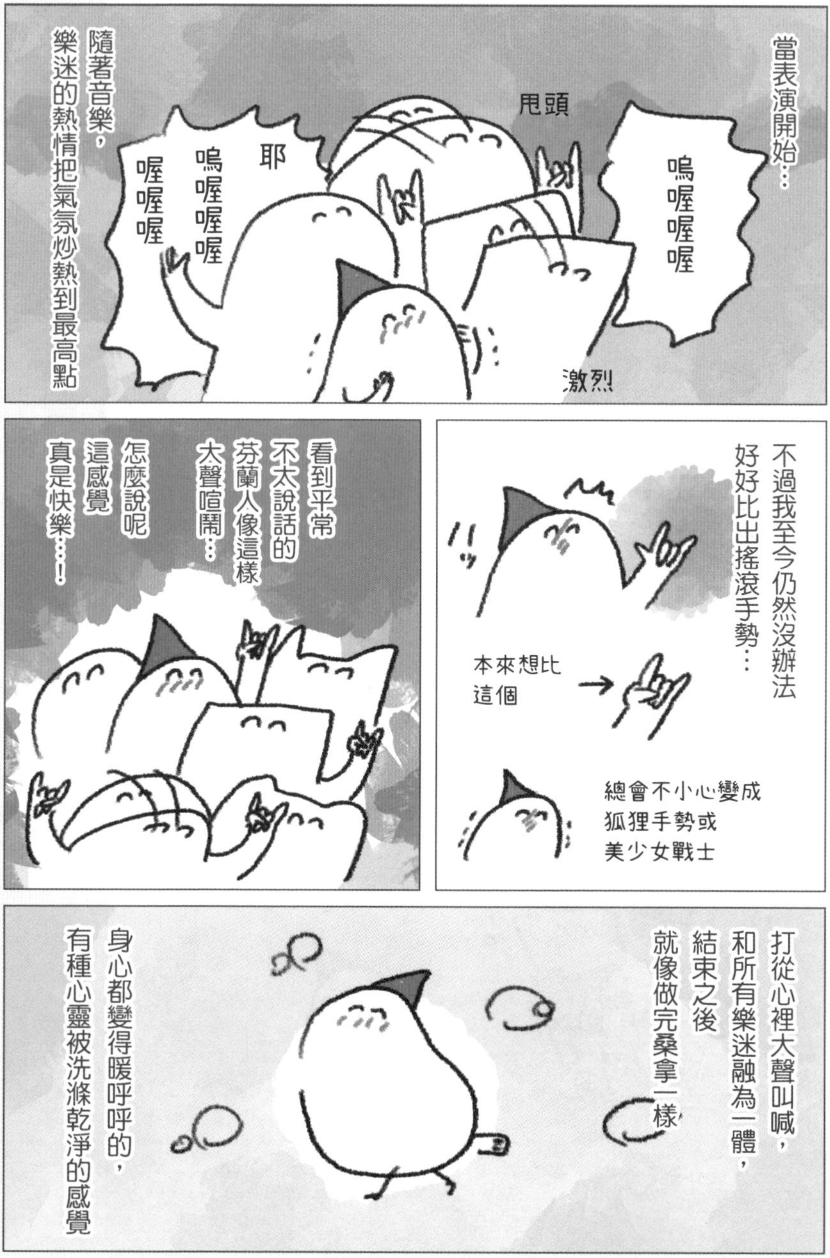
當表演開始……
嗚喔喔喔
甩頭
激烈
耶
嗚喔喔喔
喔喔喔
隨著音樂，樂迷的熱情把氣氛炒熱到最高點
不過我至今仍然沒辦法好好比出搖滾手勢……
本來想比這個
總會不小心變成狐狸手勢或美少女戰士
看到平常不太說話的芬蘭人像這樣大聲喧鬧……
怎麼說呢這感覺真是快樂……！
打從心裡大聲叫喊，和所有樂迷融為一體，
結束之後就像做完桑拿一樣
身心都變得暖呼呼的，
有種心靈被洗滌乾淨的感覺

在這慶祝春天來臨的節日，整個城市都歡欣鼓舞

五月一日…是慶祝漫長的冬天結束
迎來春天的VAPPU（五一節）
這一天芬蘭的樣貌和往常很不一樣
喂～
乾杯
興奮
不已
街上…都是醉醺醺的人！

五一節這天，
芬蘭人會相約野餐、飲酒作樂
VAPPU裝扮…
高中畢業時獲贈的
白色帽子
大學生會穿上
各自學校代表色的連身裝，
並在連身裝縫上各種徽章，
光看就非常有趣
紅色或綠色連身裝上
縫著各式各樣徽章

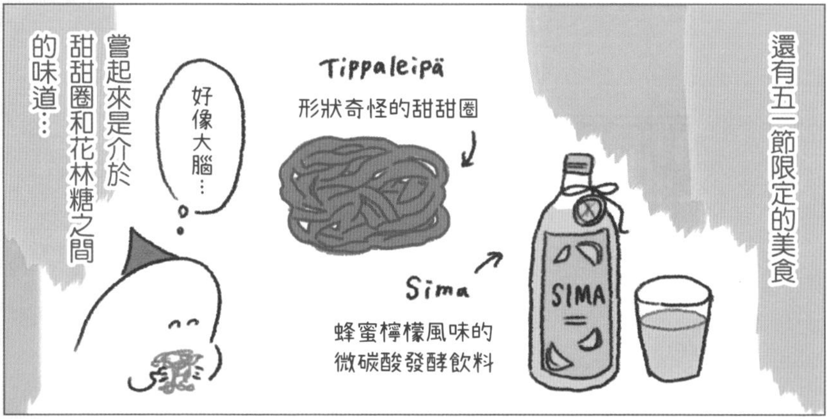
還有五一節限定的美食
Tippaleipä
形狀奇怪的甜甜圈
SIMA
Sima
蜂蜜檸檬風味的
微碳酸發酵飲料
好像大腦…
嘗起來是介於
甜甜圈和花林糖之間
的味道…

我也帶著一杯Sima
前往公園
自備野餐墊
和酒杯
Kaivopuisto公園
聚集了最多野餐人潮

很喜歡五月的芬蘭
我都趁日本黃金周連假（四月底~五月初）
來看看芬蘭人歡慶五一節的樣子
歡快地暢飲美酒的芬蘭人
看起來都非常開心，
讓看的人也不禁感到心情愉悅

尋找我最喜歡的《海鷗食堂》身影

二〇〇六年上映的《海鷗食堂》
是一部我非常喜歡的電影
主角在赫爾辛基開設的食堂取景地就在這裡
電影描述了店長幸惠
與充滿個性的客人之間的
相遇與交流
ruokala lokki
かもめ食堂
puh. 657 422

做為取景地的食堂，
是一家頗受當地人愛戴的在地食堂，
名叫KAHVILA SUOMI
即使拍攝已經結束了，
「海鷗食堂」這幾個字仍然留著，
我第一次看到的時候相當感動
KAHVILA
SUOMI
かもめ食堂
puh. 657 422

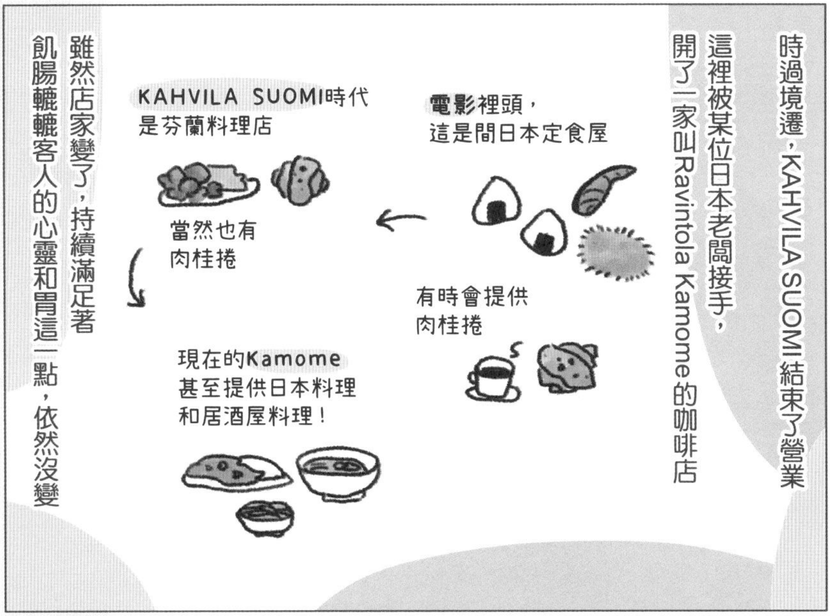
時過境遷，KAHVILA SUOMI結束了營業
這裡被某位日本老闆接手，
開了一家叫Ravintola Kamome的咖啡店
電影裡頭，
這是間日本定食屋
有時會提供
肉桂捲
KAHVILA SUOMI時代
是芬蘭料理店
當然也有
肉桂捲
現在的Kamome
甚至提供日本料理
和居酒屋料理！
雖然店家變了，持續滿足著
飢腸轆轆客人的心靈和胃這一點，依然沒變

《海鷗食堂》的身影，
至今仍然存在於遠離日本的赫爾辛基街角
還在
還在
Ravintola
KAMOME
puh. 657 422
這一點讓我非常開心
如果剛好在附近，一定會繞去看一看

體驗芬蘭式新年占卜

每到年末，到處都會看到這些神祕的馬蹄鐵……
是新年期間的特殊景象
Happy New year
噹噹
旁邊也賣
占卜用的勺子
這是一種叫「Tinan valaminen」
的芬蘭傳統占卜

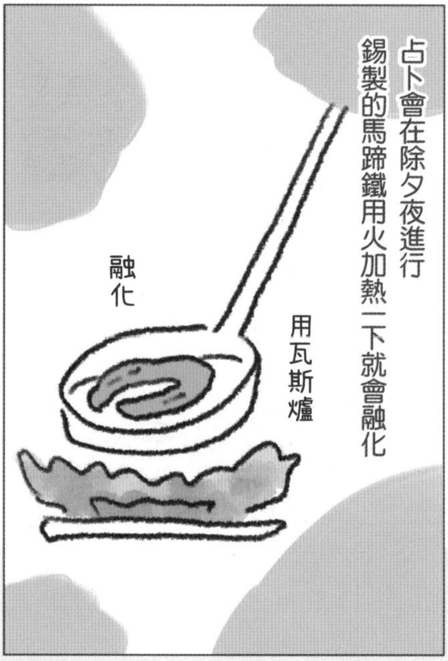
占卜會在除夕夜進行
錫製的馬蹄鐵用火加熱一下就會融化
融化
用瓦斯爐

將融化的錫倒進冷水中使其凝固
同時許下新年願望
倒入

根據錫凝固後的形狀
占卜新的一年將會如何

芬蘭的占卜法是
對著凝固的錫塊打光，
將影子投影在牆上
判讀形狀

鴨子	金錢
馬	旅行
貓	背叛
狐狸	假面朋友
老鷹	幸運的搬家
猴子	看不見的敵人
狗	可信賴的朋友
蛇	危險
熊	旅行
兔子	在地方上有所成就
青蛙	愛
老鼠	貧窮
魚	國外傳來的好消息
大象	健康
獅子	受到朋友幫助而成功
貓頭鷹	恥辱
豬	粉絲
花	結婚
城堡	遺產
手槍	災難
蘑菇	分離
鍋子	死亡
帽子	成功
籃子	家庭新成員
龍	巨大的變化
女性的頭	與鄰居有紛爭
車子	朋友來訪
蘋果	長壽
山	可靠的朋友
皇冠	力量
信	重要的消息
愛心	喜悅

能看出什麼形狀
全憑自己的感覺！

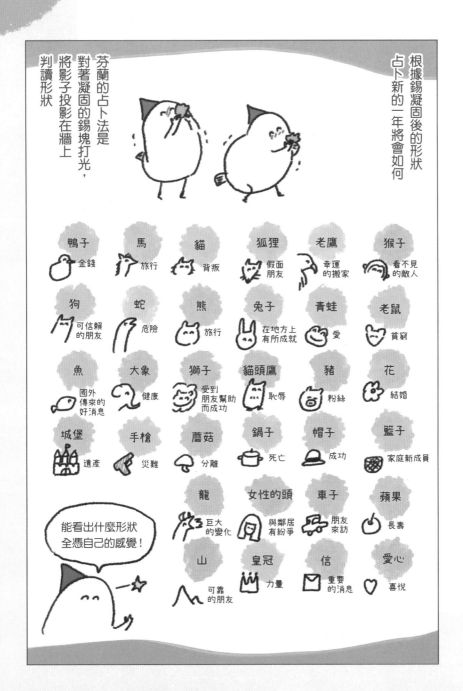

在芬蘭圖書館裡尋找自己中意的角落

這裡是綠意環繞的赫爾辛基公共圖書館Oodi
赫爾辛基中央圖書館Oodi
開設於二〇一八年，這間圖書館曾獲選為世界最美圖書館

進到裡面後⋯
Moi！（你好）
有時髦的餐廳
可以租借3D列印機
父母和孩子開心地玩著借來的最新遊戲機
VR遊戲機同樣提供租借！

閱讀空間非常多元，
可以各自尋找自己喜歡的地方放鬆
好軟…
坐在軟呼呼的沙發…
靠著柱子…
坐在階梯上…
當然也非常
安靜…

三樓窗邊是我的頭等席，
我喜歡點一杯咖啡和藍莓派，
坐在這裡眺望窗外的風景
附贈Fazer巧克力
在廣大的圖書館中，
找到一個自己中意的地方，
那裡就會成為你每年造訪時的頭等席

在桑拿中度過元旦

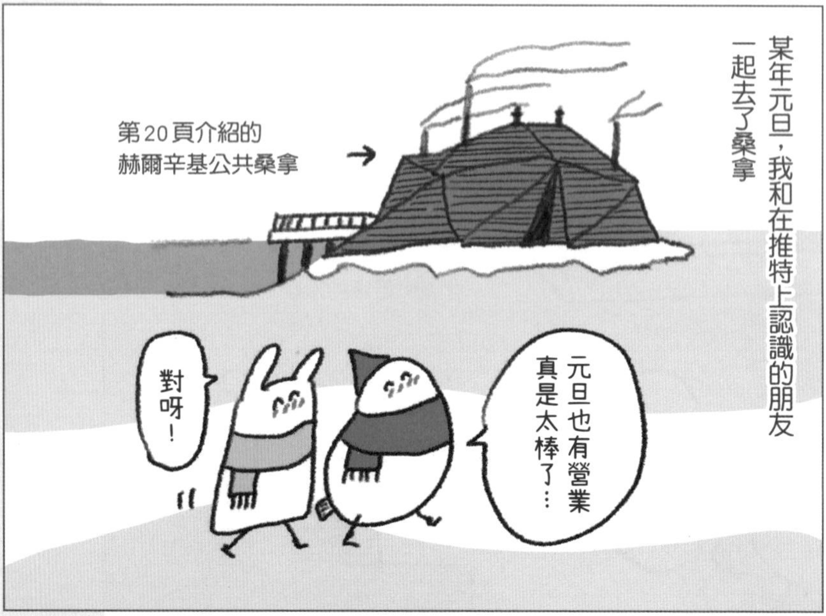
某年元旦，我和在推特上認識的朋友
一起去了桑拿
第20頁介紹的
赫爾辛基公共桑拿
元旦也有營業
真是太棒了…
對呀！

換上泳衣並淋浴後，
馬上進入桑拿
熱呼呼
呵呵呵
熱呼呼
呵呵
熱氣來了
身處被寂靜包圍的桑拿……
兩個人一起沐浴在熱騰騰的蒸氣中瑟瑟發抖
唰

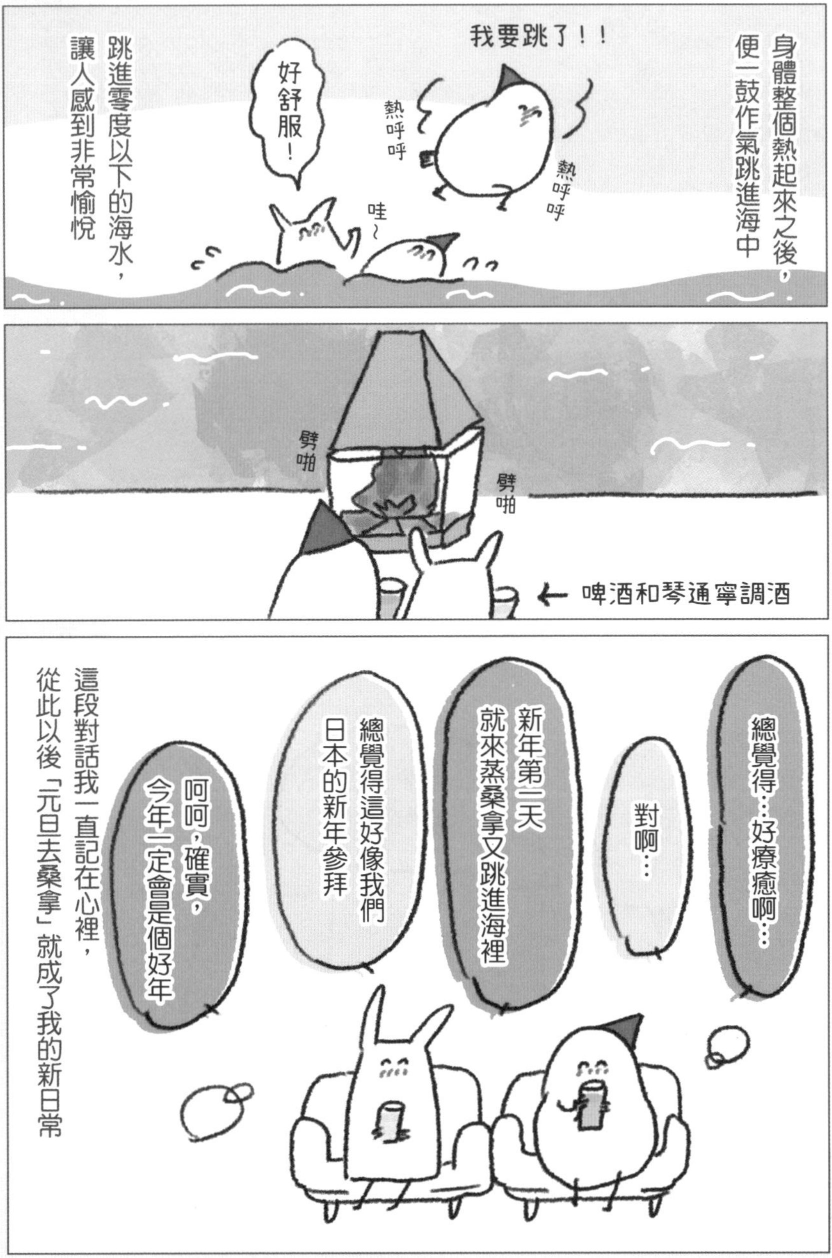
身體整個熱起來之後，
便一鼓作氣跳進海中
我要跳了！！
熱呼呼
熱呼呼
好舒服！
哇～
跳進零度以下的海水，
讓人感到非常愉悅
劈啪
劈啪
← 啤酒和琴通寧調酒
總覺得…好療癒啊……
對啊……
新年第一天
就來蒸桑拿又跳進海裡
總覺得這好像我們
日本的新年參拜
呵呵，確實，
今年一定會是個好年
這段對話我一直記在心裡，
從此以後「元日去桑拿」就成了我的新日常

我很喜歡在街上漫無目的地散步，就像在這裡生活

沒有沉重的行李，
只拿著一杯咖啡，
一身輕盈地在街上隨意閒晃
今天只定了
「去海邊的市場」
的模糊目標
超市回程路上發現一家小店，
買了一支霜淇淋
我要一支霜淇淋！
好吃！
有時候
像這樣無意間找到的店，
也會成為我長年光顧的愛店

搭乘芬蘭的公車，醞釀出心的餘裕

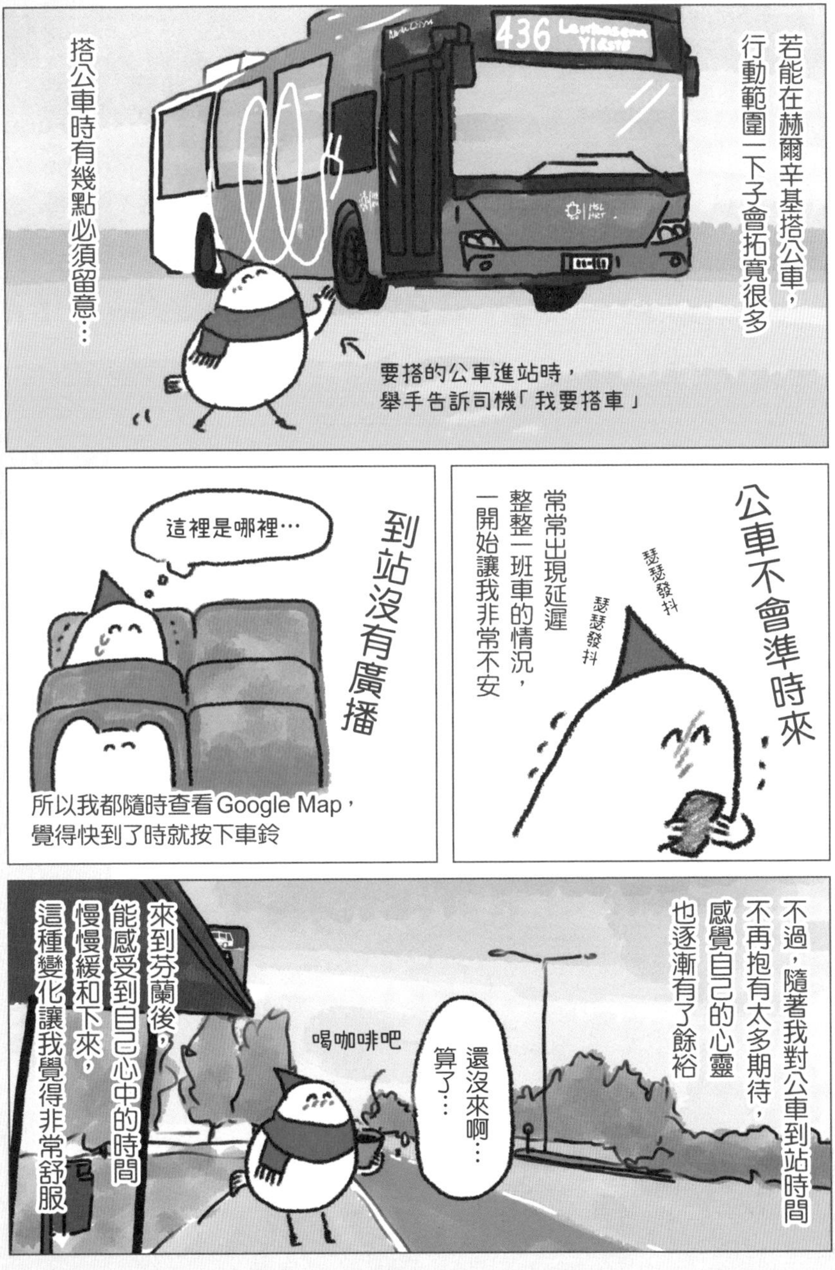
若能在赫爾辛基搭公車，行動範圍一下子會拓寬很多
搭公車時有幾點必須留意…
436
要搭的公車進站時，舉手告訴司機「我要搭車」
公車不會準時來
常常出現延遲整整一班車的情況，一開始讓我非常不安
瑟瑟發抖
瑟瑟發抖
到站沒有廣播
這裡是哪裡…
所以我都隨時查看Google Map，覺得快到了時就按下車鈴
不過，隨著我對公車到站時間不再抱有太多期待，感覺自己的心靈也逐漸有了餘裕
還沒來啊…算了…
喝咖啡吧
來到芬蘭後，能感受到自己心中的時間慢慢緩和下來，這種變化讓我覺得非常舒服

我很喜歡騎電動滑板車出門

某一年開始，赫爾辛基街上出現了共享電動滑板車
對我來說門檻有點高，初次看見那年沒有嘗試
隔年試著挑戰看看後，發現只要下載APP就能租用從此成為重度使用者
方便
充滿力量
咻—
好玩
有時候會騎電動滑板車前往走路稍嫌太遠的海邊咖啡廳…
騎車途中看到感興趣的店家也可以馬上停下來
只安排了短時間旅行的時候，有了這個新的交通工具，自由度又增加了許多
Hyvä!
移動途中能一邊感受街上的氛圍，觀察有趣的小變化…
電動滑板車已經成了我在旅途中的可靠夥伴

會合地點在吊燈下

每次和朋友相約赫爾辛基中央車站，
我都約在這個有燈光的地點碰面
Let's meet here!
打字
只要傳這裡的照片過去，
大家都知道在哪裡，
而且有長椅可以坐…！

至今為止
我在這裡
迎接了好幾次
初遇與再會
每次約在這裡，
我對這裡的回憶
就更多一層…

順帶一提，芬蘭人最熱門的
會合地點是STOCKMANN時鐘下
STOCKMANN
這裡就像芬蘭的
「忠犬八公像」*
俗稱Stockan kello
許多在等人的人都聚集在此，
總是熱鬧非凡！

*日本最具代表性的會合地點，類似台北的「西門町六號出口」。

Column 4

一個神奇的芬蘭單字

芬蘭有個單字叫
"KALSARIKÄNNIT"
意思是「在家只穿著內衣褲一個人喝酒」
我常從芬蘭朋友那裡
上個周末在做什麼呀？
我在Kalsarikännit
收到這樣的訊息
也有一種說法認為，一個人只穿著內衣褲癱在家裡，是喝醉酒的「結果」…
被說中了…
疫情限制外出期間，不管在家裡過得多麼頹廢，只要想著
我在體驗當芬蘭人…
心情就會好起來
真是一個神奇的單字

製作芬蘭傳統裝飾「Himmeli」

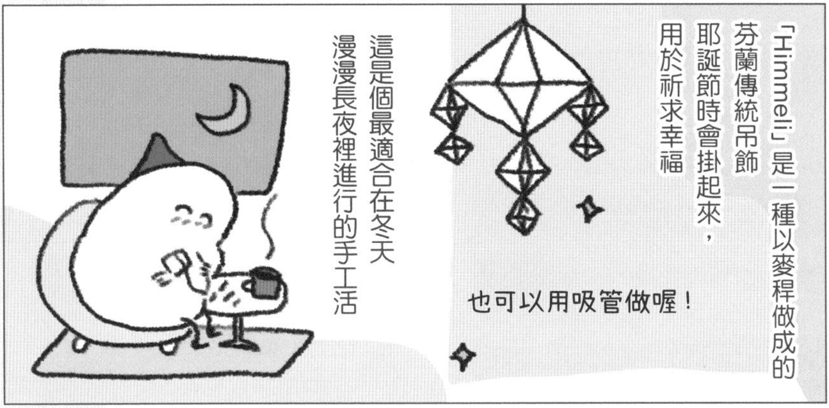
「Himmeli」是一種以麥稈做成的芬蘭傳統吊飾
耶誕節時會掛起來，用於祈求幸福
也可以用吸管做喔！
這是個最適合在冬天漫漫長夜裡進行的手工活

材料　吸管…5cm×12根
鐵絲…100cm
任一種線…適當長度

做法

1
2
3

① 將3根吸管套入鐵絲

▼

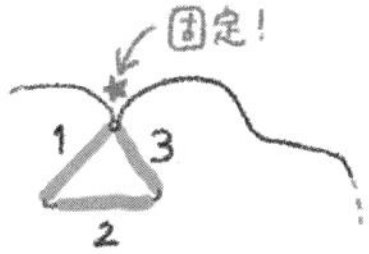
固定！
1
3
2

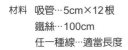

②把1和3的吸管一端接在一起，形成三角形，然後在★處扭轉固定

▼

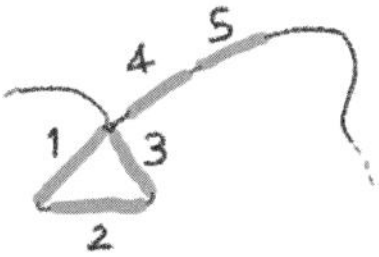
5
4
1
3
2

③在其中一邊的鐵絲套入第4和第5根吸管

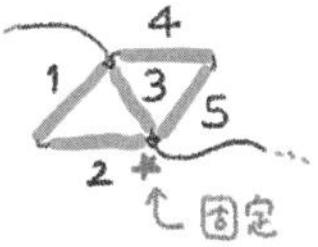
4
1
3
5
2
固定

④將第5根吸管的一端接到★處並扭轉固定，形成兩個三角形

▼

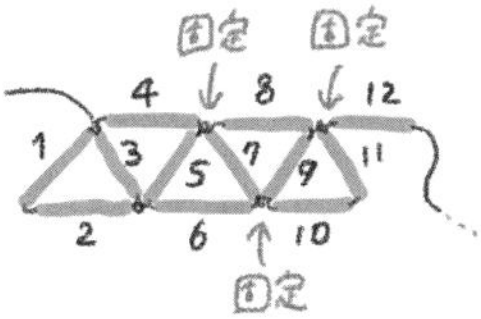
固定
固定
4
8
12
1
3
5
7
9
11
2
6
10
固定

⑤重複步驟③～④直到第11根吸管，形成五個三角形，接著套入第12根吸管

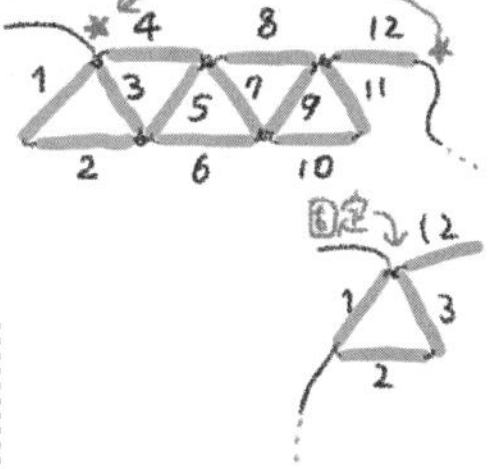
4
8
12
1
3
5
7
9
11
2
6
10
固定
12
1
3
2

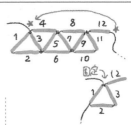

⑥★處相接並扭轉固定後，將第12根吸管裡的鐵絲穿入第1根吸管

▼

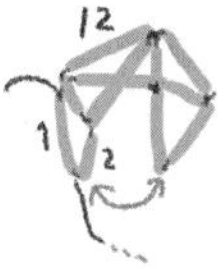
12
1
2

⑦用穿過來的鐵絲，固定住還沒和其他吸管接在一起的吸管

▼

⑧調整形狀，剪掉多餘的鐵絲，綁上喜歡的線就大功告成！

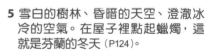

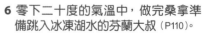

1 小島野餐結束後，從回程船上望出去的赫爾辛基街景非常迷人（P130）。

2 晴朗的日子裡，在湖畔悠閒地做木工，順便扮演阿金（P100）。

3 夏日夜晚十點天色還微微亮。一邊喝著啤酒，一邊聆聽著用柴火烤香腸的聲音（P104）。

4 小木屋生活的早晨，在棧橋上打造自己的頭等席。沖杯咖啡，坐下來陷入深深的沉思（P106）。

5 雪白的樹林、昏暗的天空、澄澈冰冷的空氣。在屋子裡點起蠟燭，這就是芬蘭的冬天（P124）。

6 零下二十度的氣溫中，做完桑拿準備跳入冰凍湖水的芬蘭大叔（P110）。

Part 4

買

我很喜歡在芬蘭的便利商店購買零食

航班降落，抵達機場後，
第一件事情就是直奔便利商店

別的先不說，光是包裝就非常可愛吸睛，
只是看看都令人怦然心動
Pihlaja

這些商品雖然超市也買得到，
但便利商店的迷你包裝更適合旅途中隨身攜帶
大包裝
Marianne
迷你包裝

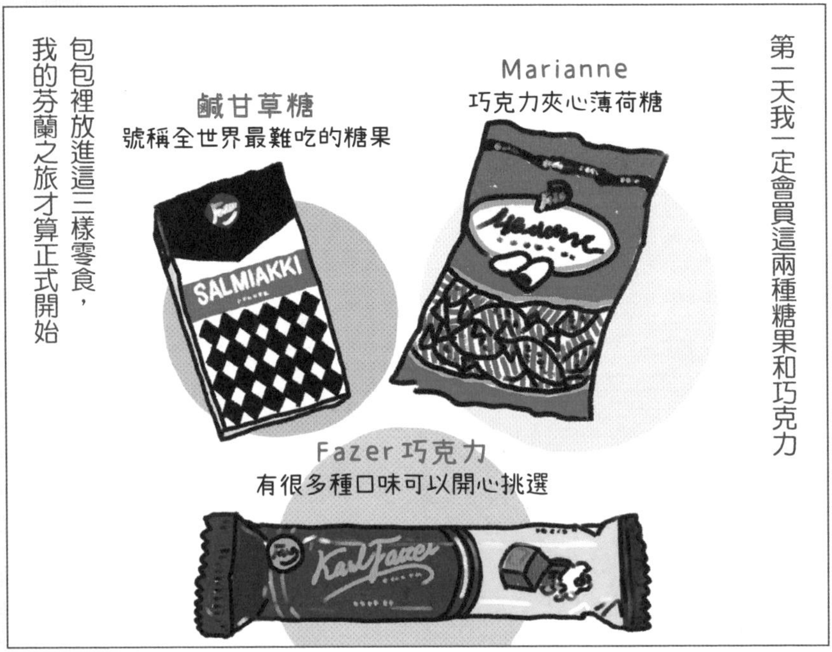
第一天我一定會買這兩種糖果和巧克力
Marianne
巧克力夾心薄荷糖
鹹甘草糖
號稱全世界最難吃的糖果
SALMIAKKI
Fazer巧克力
有很多種口味可以開心挑選
Karl Fazer
包包裡放進這三樣零食，
我的芬蘭之旅才算正式開始

走路走累時，
或遇到想停下來欣賞的景色時，
我就會把包包裡的零食拿出來吃
呵呵呵

包裝紙捨不得丟，我會帶回去…
回日本後做成胸章繼續賞玩
喀啦
喀啦
喀啦

我很喜歡到芬蘭的超市買熟食

有次逛K supermarket時，
我看見擺成一排、看起來很好吃的熟食，
心血來潮買了些，從此以後就愛上了

我喜歡的菜色有鮭魚排、肉丸、烤豬肉……
這樣只要二歐元
絕對不會失敗的招牌菜
沾芥末醬一起吃超級美味
因為是以量計價，只買一小塊也沒問題，
對一個人旅行來說既方便又划算

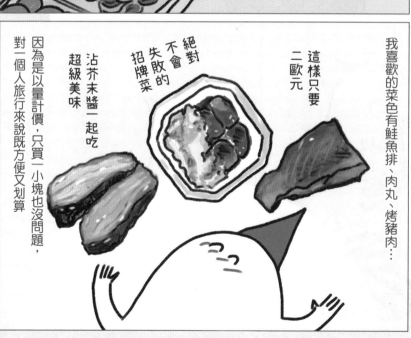

當然也不能少了附贈的馬鈴薯泥
馬鈴薯泥要多少呢？
呃、呃…！
大…大概這樣就好！
比手畫腳也能通
OK!
就這樣，我的旅行中自家餐廳開張大吉…！
我要開動了
充滿家庭感的餐桌讓我也雀躍了起來

我很喜歡到超市一次買齊數天份的東西，打造一座自己的食品儲藏庫

alepa
TERVETULOA
TERVETULOA
抵達透過Airbnb租借的小屋後，首要之務是前往超市採買
我打算在小屋待上好幾天，得一次買齊好幾天分量的食物

走路能到的範圍內只有一家超市，規模較小，品項也不是很齊全
幾乎沒有什麼生鮮食品，這時候就要靠罐頭大展身手
我以芬蘭朋友在度假小屋招待我的菜色做為採買參考

這些是我一定會放進購物籃的必買物品
甜甜圈
牛奶
麵包
煙燻鮭魚
咖啡
香腸
燒烤起司
鯡魚拌芥末
鮪魚罐頭
藍莓
豌豆湯
鮮蝦沙拉醬
marimekko餐巾紙
芥末醬
酒
回程提袋子提到手快斷掉
喘
喘
這樣築巢就完成了
在度假小屋打造自己的
食品儲藏庫的過程
真是令人愉悅
陶醉…

魅力無窮的熱門有機食品店

Anton&Anton是一家在芬蘭很受歡迎的
時髦有機食品店
Anton&Anton
A&A
MA-PE
8-20
LA
9-18
由幾位芬蘭媽媽為了實現理想而創立

店內只販售有生產履歷的食材
囊括了蔬菜、乳製品，到海鮮、調味料等多種品項
一小盒一小盒的熟食或湯品、沙拉
對一個人旅行來說分量剛好，
我總是陷入選擇困難

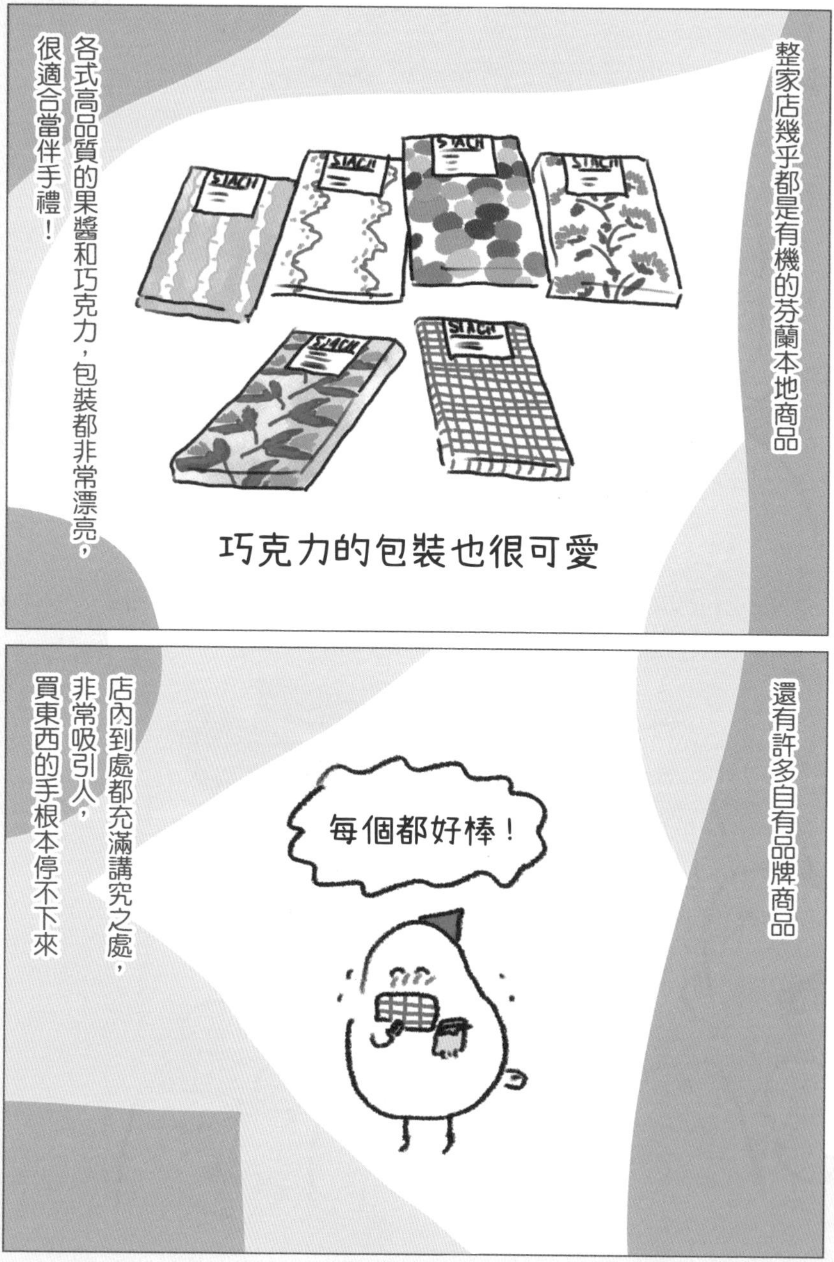
整家店幾乎都是有機的芬蘭本地商品
各式高品質的果醬和巧克力，包裝都非常漂亮，很適合當伴手禮！
STACH
巧克力的包裝也很可愛
還有許多自有品牌商品
每個都好棒！
店內到處都充滿講究之處，非常吸引人，買東西的手根本停不下來

芬蘭人最愛的甜芥末

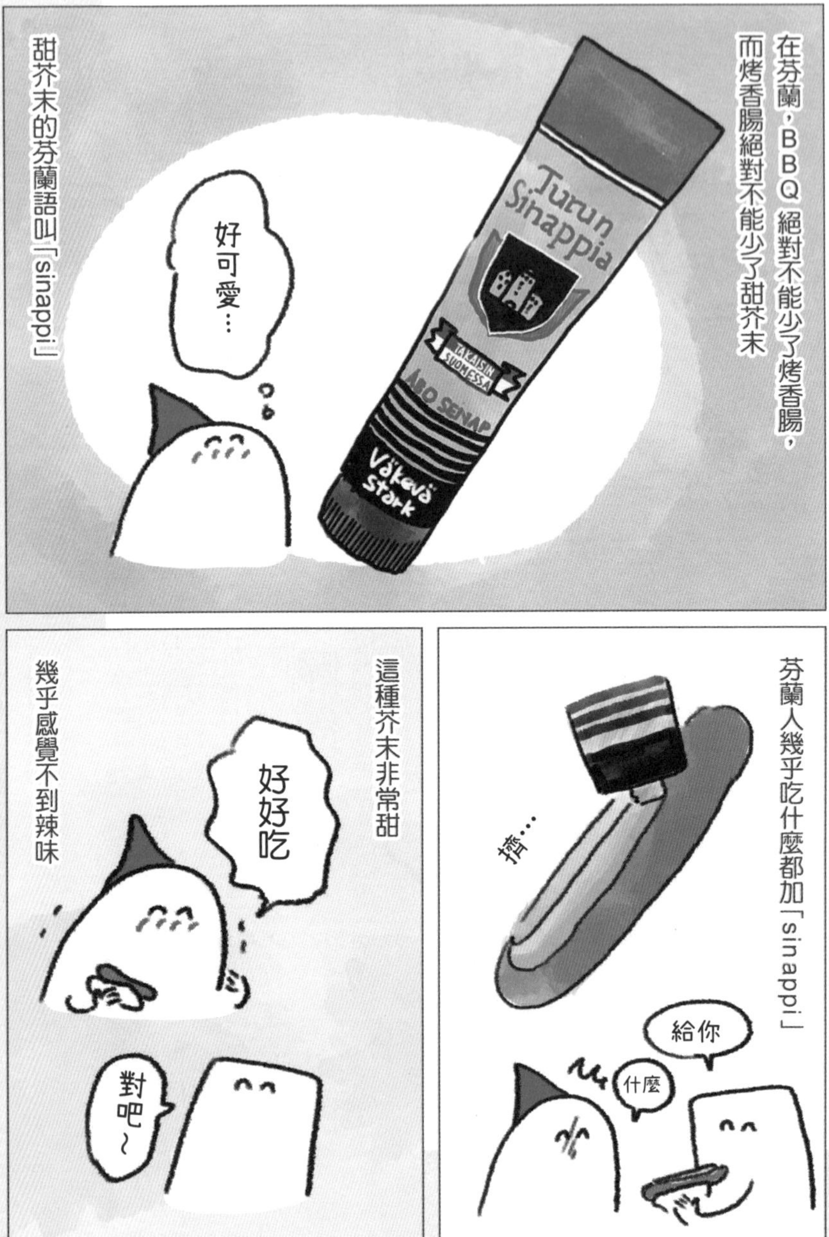
在芬蘭，BBQ 絕對不能少了烤香腸，
而烤香腸絕對不能少了甜芥末
Turun Sinappia
TAKAISIN SUOMESSA
ÅBO SENAP
Väkevä Stark
好可愛…
甜芥末的芬蘭語叫「sinappi」
芬蘭人幾乎吃什麼都加「sinappi」
擠…
給你
什麼
這種芥末非常甜
好好吃
幾乎感覺不到辣味
對吧～

順帶一提，
我會用marimekko餐巾紙捲起烤香腸，
豪邁地享用
我的風格
一個人烤香腸時，
「sinappi」和餐巾紙不可或缺
烤肉自備sinappi
每次用量都很驚人…
超市還有賣
黑色包裝的辣味「sinappi」…
Turun Sinappia
ÅBO SENAP
Tulinen Eldig
Turun Sinappia
ÅBO SENAP
Väkevä Stark
不過黑色包裝的也
完全不辣…
由於味道溫和甘甜，
擠很多也沒關係
對了…
我在赫爾辛基的咖哩飯館
還聽說了這麼一件事
咖哩飯老闆
為了符合芬蘭人口味，
咖哩做得比較甜喔
這樣啊…！
芬蘭人似乎
不太能吃辣呢

我很喜歡憑感覺選購芬蘭的冰品

芬蘭人非常愛吃冰
愛到什麼程度呢？
芬蘭國民平均每個人的冰品消費量
曾是世界第一多，
就是這麼的喜歡
到了夏天，
賣冰的攤販前總是排起長長人龍，
男女老少都來買冰
Jäätelökioski

超市的冰品區非常大，
販售五花八門的冰品
而且包裝都很可愛，
讓人忍不住想買來吃吃看
好可愛……！

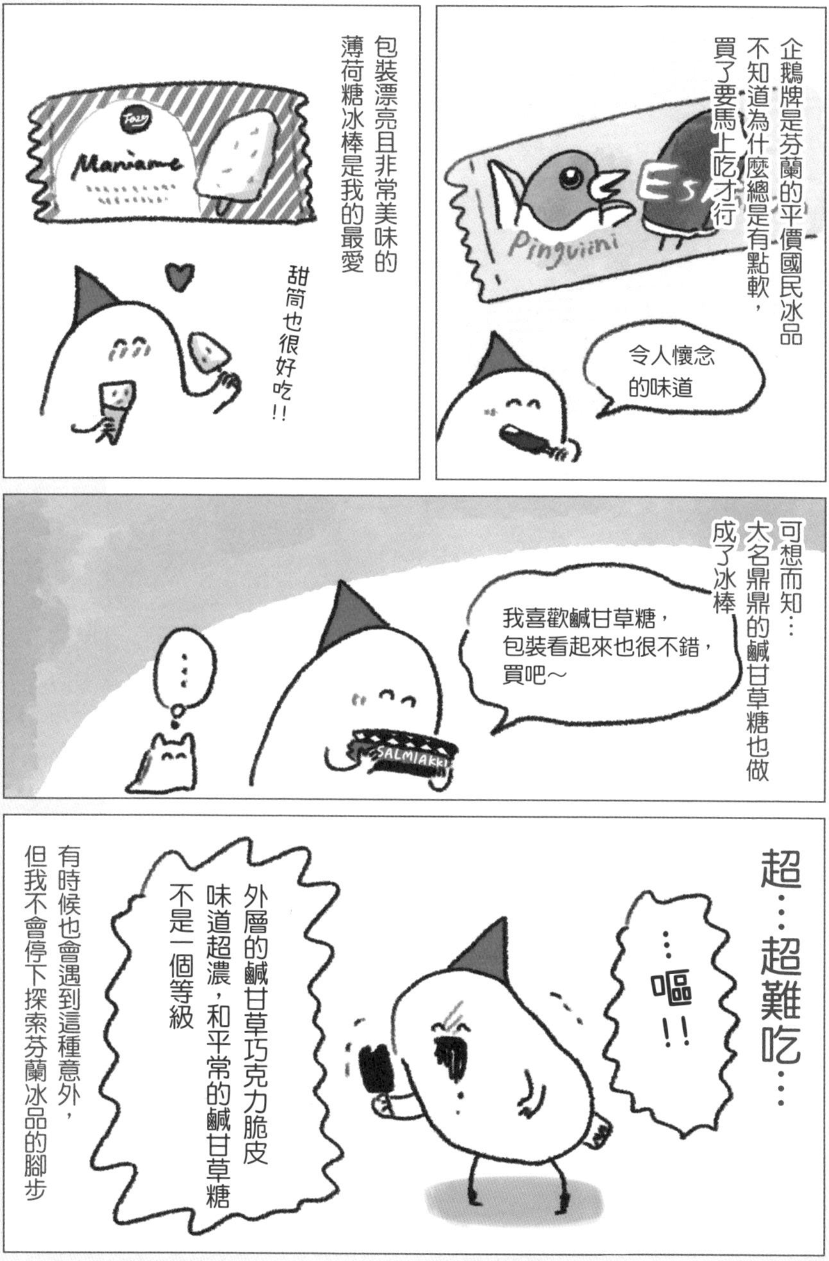
企鵝牌是芬蘭的平價國民冰品
不知道為什麼總是有點軟，
買了要馬上吃才行
Pinguiini
令人懷念的味道
包裝漂亮且非常美味的
薄荷糖冰棒是我的最愛
甜筒也很好吃!!
可想而知…
大名鼎鼎的鹹甘草糖也做
成了冰棒
我喜歡鹹甘草糖，
包裝看起來也很不錯，
買吧～
…
SALMIAKKI
超…超難吃…
…嘔!!
外層的鹹甘草巧克力脆皮
味道超濃，和平常的鹹甘草糖
不是一個等級
有時候也會遇到這種意外，
但我不會停下探索芬蘭冰品的腳步

令我著迷不已的芬蘭松露巧克力

這種巧克力誕生於
距離赫爾辛基不遠的城市波爾沃（Porvoo）
一間名叫Brunberg的巧克力專賣店
這…這好好吃！
是哪裡的巧克力呀！？
某年，一位來自波爾沃的友人給了我這巧克力，
我一吃鍾情，從此愛上它

沒想到，前幾年開始
在赫爾辛基的超市也買得到了
Brunberg
TRYFFELI · TRYFFEL
300g
滑順的松露一放入口中就融化開來
好開心

旅行期間我就會吃掉一盒
早上配咖啡…
午間散步也吃…
晚上就配熱紅酒…
拿出…
夏天容易融化，
要多留意…
當然也會買一些
帶回日本
買兩個小盒的
自己吃
呵呵呵…
回日本後，
可以享受一段每天早上喝咖啡
配一顆松露巧克力的日子
裝在marimekko與iittala
合作推出的玻璃碗裡
補充快樂能量！
Brunberg巧克力是去芬蘭必買的美食，
只要有了它，
幸福感就能延續到回日本後

每次來芬蘭，我一定會巡邏marimekko各間分店

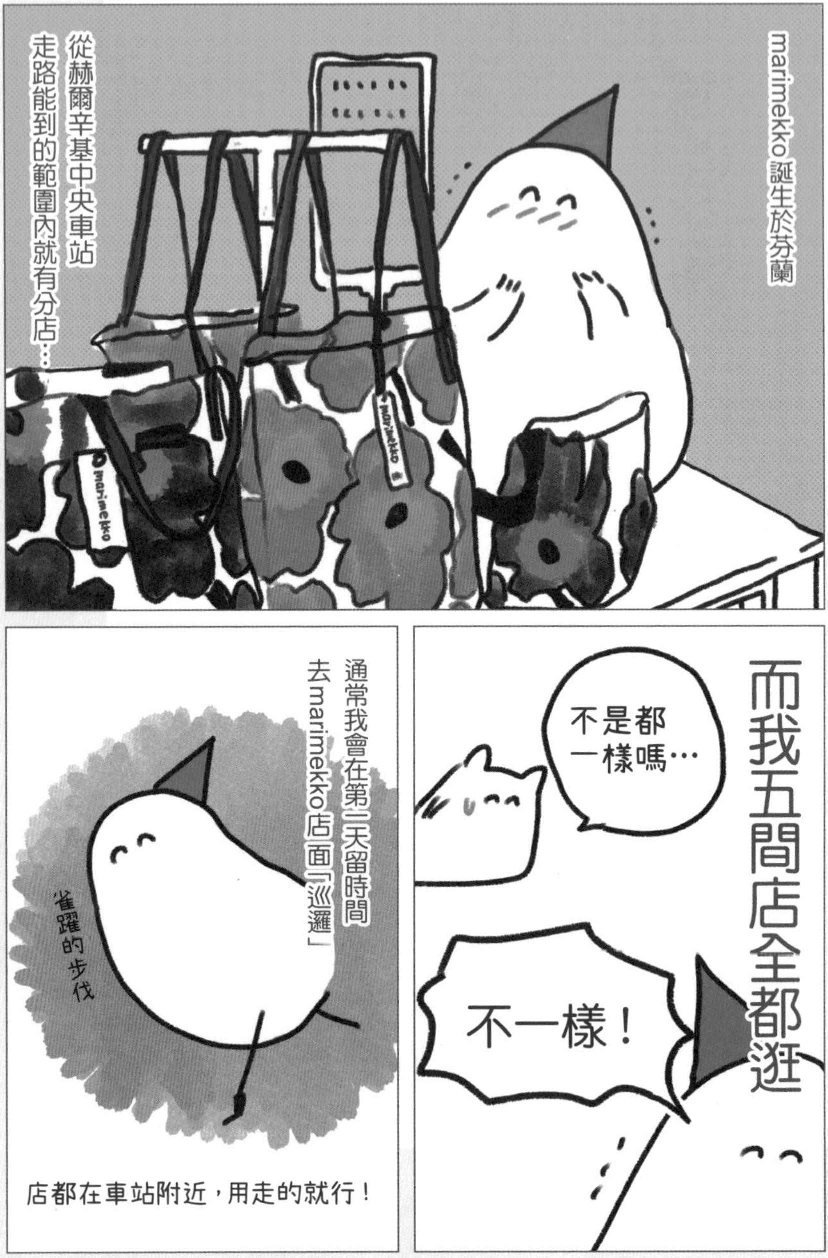
marimekko誕生於芬蘭
從赫爾辛基中央車站走路能到的範圍內就有分店…
而我五間店全都逛
不是都一樣嗎…
不一樣！
通常我會在第二天留時間去marimekko店面「巡邏」
雀躍的步伐
店都在車站附近，用走的就行！

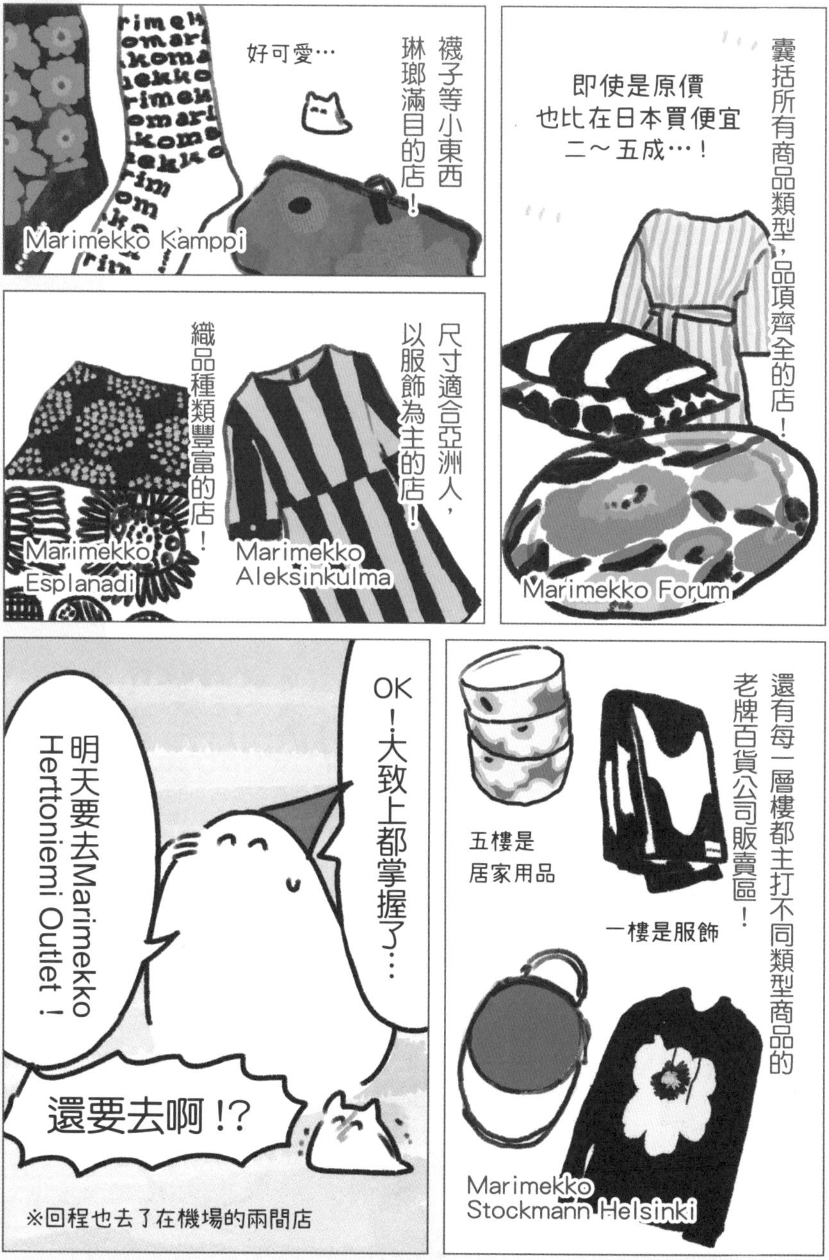
囊括所有商品類型，品項齊全的店！
即使是原價也比在日本買便宜二～五成…！
Marimekko Forum
襪子等小東西琳瑯滿目的店！
好可愛…
Marimekko Kamppi
尺寸適合亞洲人，以服飾為主的店！
Marimekko Aleksinkulma
織品種類豐富的店！
Marimekko Esplanadi
還有每一層樓都主打不同類型商品的老牌百貨公司販賣區！
五樓是居家用品
一樓是服飾
Marimekko Stockmann Helsinki
OK！大致上都掌握了…
明天要去Marimekko Herttoniemi Outlet！
還要去啊!?
※回程也去了在機場的兩間店

下重本買的marimekko毛巾是我的愛用品

這一點出乎意料地容易被忽略，
我個人最喜愛的marimekko商品是…
毛巾!!
在芬蘭桑拿裡遇到的當地人，
有很高機率使用marimekko的毛巾
也有很多人穿著
marimekko的浴袍
稍微瞄一眼掛毛巾的地方就會發現，
有很多marimekko…
marimekk
這部分既可愛又不會太搶眼

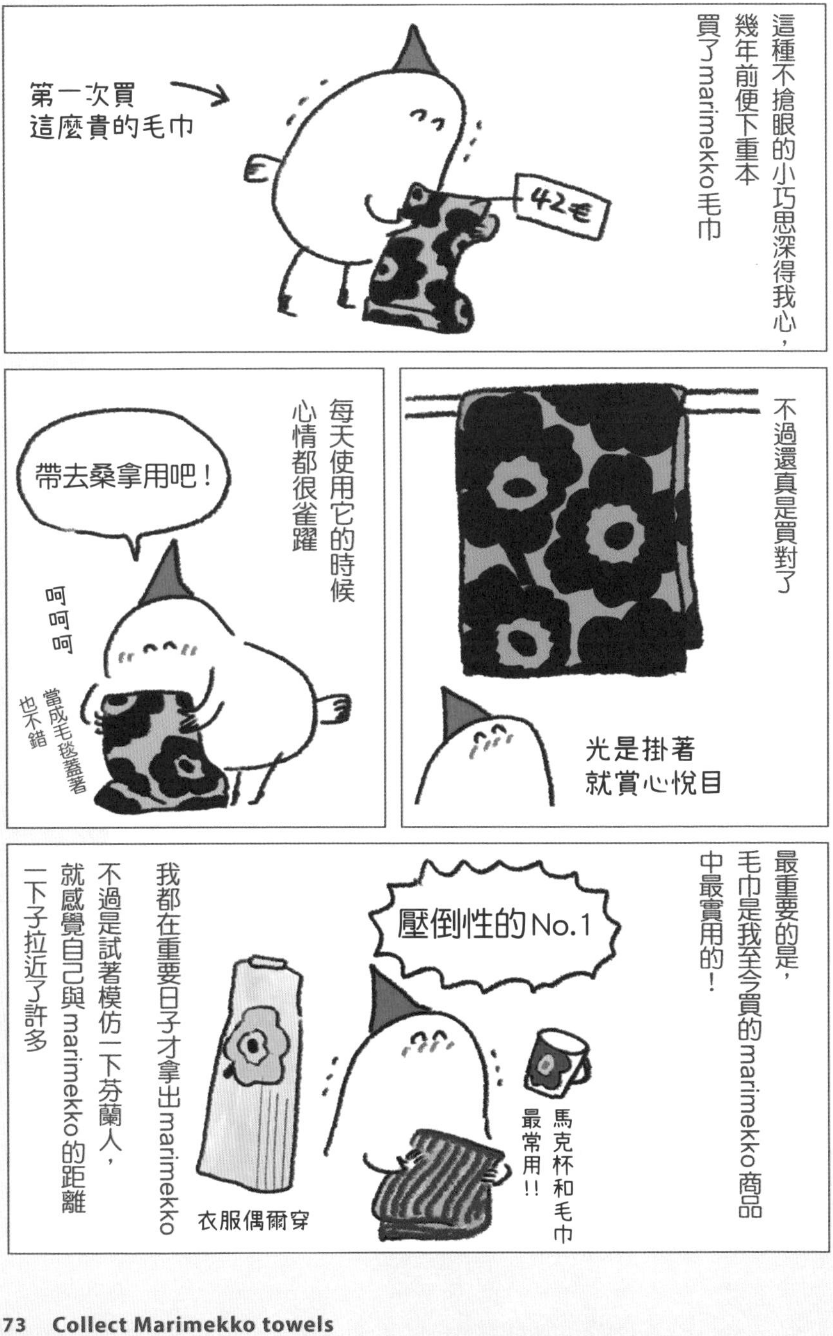
這種不搶眼的小巧思深得我心，
幾年前便下重本
買了marimekko毛巾
第一次買
這麼貴的毛巾
42€
不過還真是買對了
光是掛著
就賞心悅目
每天使用它的時候
心情都很雀躍
帶去桑拿用吧！
呵呵呵
當成毛毯蓋著
也不錯
最重要的是，
毛巾是我至今買的marimekko商品
中最實用的！
壓倒性的No.1
馬克杯和毛巾
最常用!!
衣服偶爾穿
我都在重要日子才拿出marimekko
不過是試著模仿一下芬蘭人，
就感覺自己與marimekko的距離
一下子拉近了許多

對我來說，marimekko outlet就是天堂

在芬蘭，最讓我感到興奮的地方
大概就是這裡了…
marimekko總公司!!
沒錯，這裡就是marimekko的總公司
旁邊還附設outlet
YSTÄVÄMYYNTI

服飾、餐具、織品等
所有東西的價格都驚人地划算
興奮過頭，
好像快窒息了…！
-70%
-50%
先冷靜一下吧…！

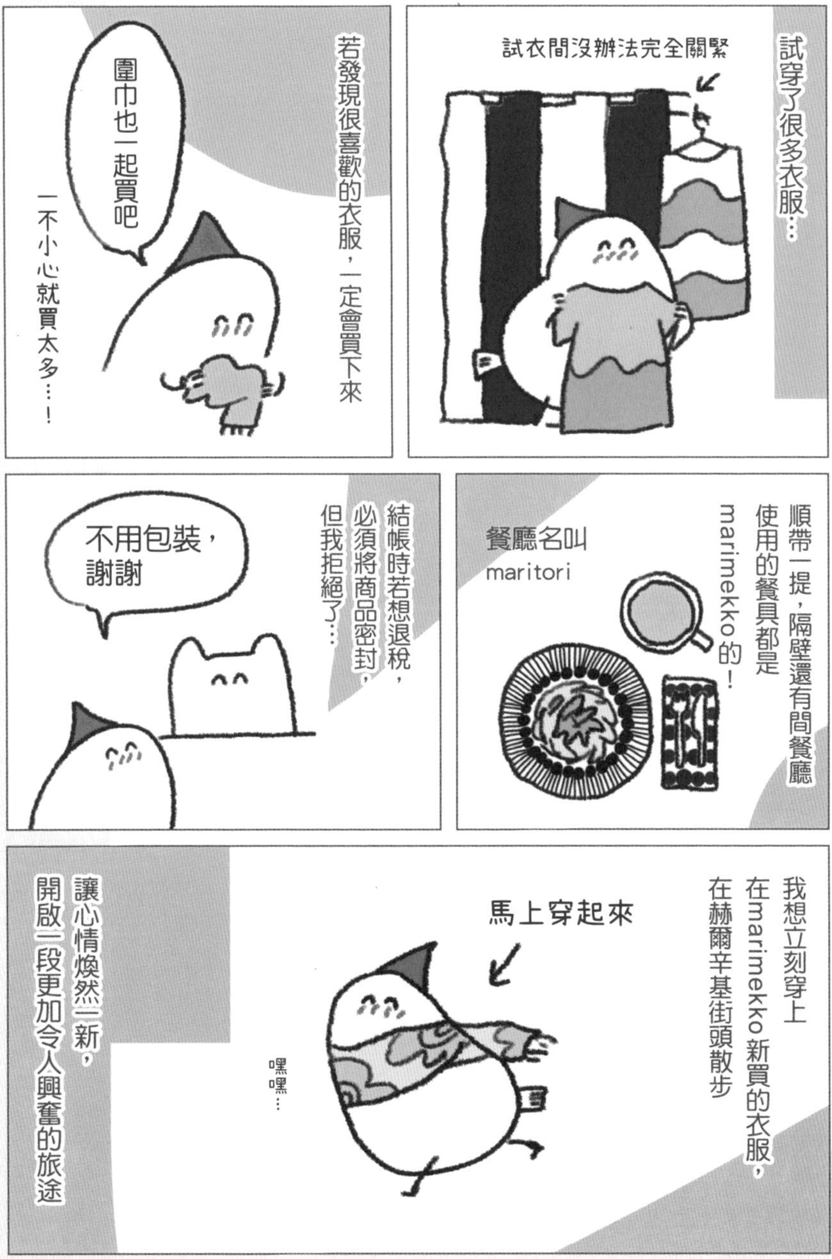
試穿了很多衣服…
試衣間沒辦法完全關緊
若發現很喜歡的衣服，一定會買下來
圍巾也一起買吧
一不小心就買太多…！
順帶一提，隔壁還有間餐廳
使用的餐具都是
marimekko的！
餐廳名叫
maritori
結帳時若想退稅，
必須將商品密封，
但我拒絕了…
不用包裝，
謝謝
我想立刻穿上
在marimekko新買的衣服，
在赫爾辛基街頭散步
馬上穿起來
嘿嘿…
讓心情煥然一新，
開啟一段更加令人興奮的旅途

我很喜歡marimekko的紙製品

要買我最愛的marimekko商品，
除了直營店以外，還有一個地方……
プリズマ
PRISMA
prisma.fi
那就是大型超市Prisma Tripla的文具區！
沒錯…這裡可以買到直營店
沒有販售的marimekko紙製品！

店內陳列著可用來裝禮物的堅固紙袋，
以及包裝紙等等
價格也相當親民！
其中我最喜歡的就是包裝紙……

只要貼在牆壁上，
就能輕鬆享受空間變化的樂趣！
貼上…
用雙面膠貼

順帶一提，我家大概長這樣，
每次邀請芬蘭朋友來家裡都覺得有點害羞…
國旗
滿滿的
marimekko
哦～
iittala
ARABIA
芬蘭的酒
嚕嚕米
對芬蘭的愛太深，
有點不好意思…！

芬蘭有很多可愛的靴子

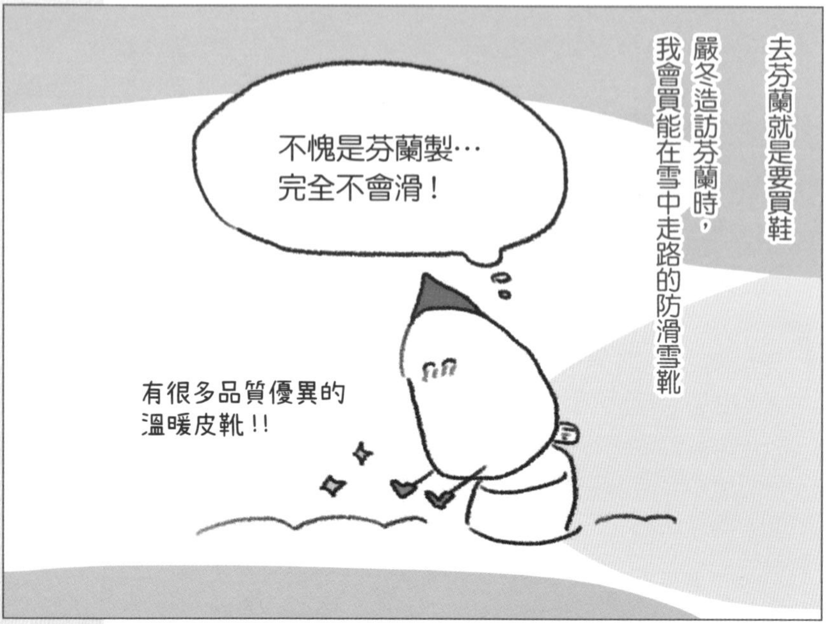
去芬蘭就是要買鞋
嚴冬造訪芬蘭時，
我會買能在雪中走路的防滑雪靴
不愧是芬蘭製…
完全不會滑！
有很多品質優異的
溫暖皮靴!!

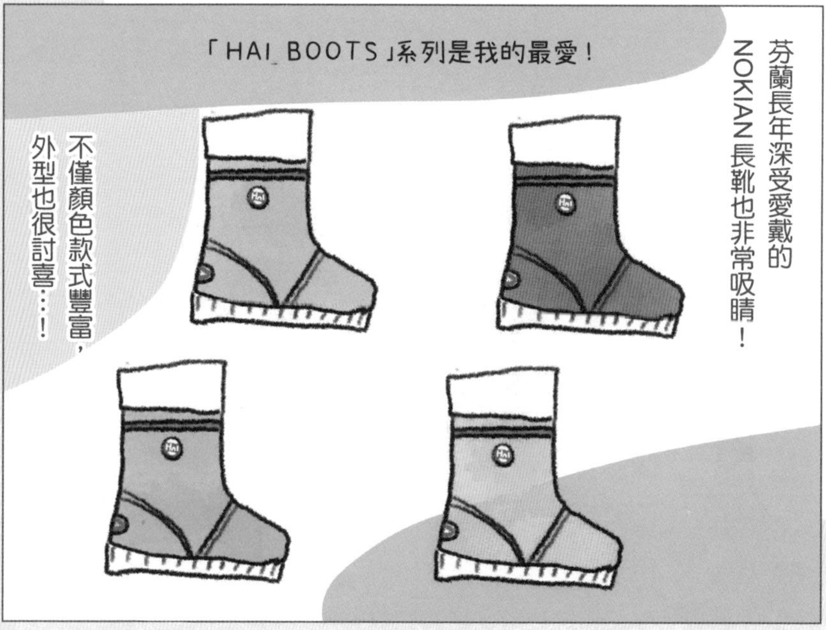
芬蘭長年深受愛戴的
NOKIAN長靴也非常吸睛！
「HAI BOOTS」系列是我的最愛！
不僅顏色款式豐富，
外型也很討喜…！

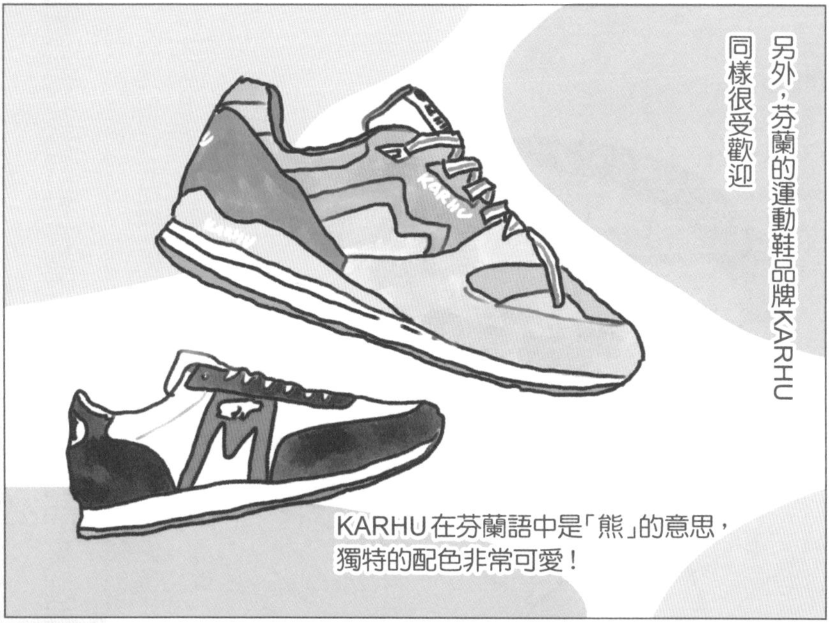
另外，芬蘭的運動鞋品牌KARHU
同樣很受歡迎
KARHU在芬蘭語中是「熊」的意思，
獨特的配色非常可愛！

位於赫爾辛基的概念店裡，
還有販售T恤、襪子、帽子等豐富的服飾類商品
在芬蘭選購鞋子…
是我的私房樂趣之一

我很喜歡尋找只有在美術館才買得到的文創雜貨

芬蘭的現代美術館kiasma是從赫爾辛基中央車站
走路就能抵達的熱門景點
館藏從可以想像得到的北歐風格
到充滿黑暗氣息的展品都有，相當值得一看

附設的咖啡廳可享用
滿滿蔬菜的午餐拼盤

不過我的主要目標是
美術館商店…！
在這裡尋找
奇特的禮物
是我的樂趣
kiasma
shop

即使不買票看展覽，
也能進入商店區
卡累利阿餡餅
的徽章…!?
HELSINKI
有很多奇奇怪怪的商品，
光逛逛也很有趣

這裡可以找到許多絕無僅有的
奇妙藝術商品
Kittos！
（謝謝）
Kittos！
（謝謝）
買了徽章
珍惜地別在
貝雷帽上
美術館商店的特色商品雖然風格奇特，
但深得我心

大人也能樂在其中的芬蘭遊戲

我喜歡在芬蘭買遊戲
不是電玩，而是傳統的桌遊
玩具～
玩具區總能讓人感到興奮呢…
前往大型超市Prisma Tripla，首先直奔玩具與遊戲區

根據當地人的推薦，我買了芬蘭國民遊戲「Afrikan tähti」(非洲之星)
AFRIKAN TÄHTI
透過蒐集寶石進行遊戲，玩法類似「大富翁」
網路上查得到英文版遊戲規則
AFRIKAN TÄHTI
afrikas stjärna

也買了可在戶外玩的經典遊戲
「Mölkky」（芬蘭木棋）
擊倒寫有數字的小木棋，
先獲得五十分的隊伍就獲勝！
MÖLKKY
可以邊喝酒邊玩，
很棒對吧！
這種大人可以在戶外邊喝酒邊玩的小遊戲
意外地非常少見

另外，在日本和朋友喝酒時，
最受歡迎的遊戲竟然是拼圖
認真拼嚕嚕米拼圖的夥伴們
嗯嗯…
我對這類東西
沒有抵抗力
我從芬蘭買了
吉卜力的DVD，
用芬蘭語放來看吧！
在芬蘭，遊戲和酒有著密不可分的關係
我很喜歡把外國的遊戲帶回家，
在喝酒時拿出來玩

我很喜歡逛二手商店

Pääkaupunkiseudun Kierrätyskeskus
是一間回收中心，位處交通稍微不便的地點，
恐怕只有當地人才知道
KIERRÄTYSKESKUS
芬蘭的回收文化非常盛行，
這間回收中心就是由國家營運

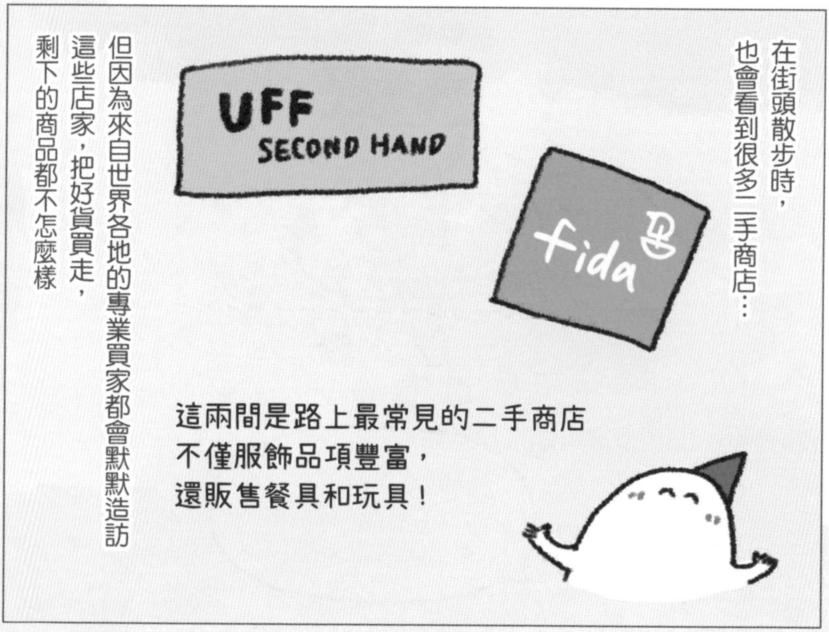
在街頭散步時，
也會看到很多二手商店…
UFF
SECOND HAND
fida
這兩間是路上最常見的二手商店
不僅服飾品項豐富，
還販售餐具和玩具！
但因為來自世界各地的專業買家都會默默造訪
這些店家，把好貨買走，
剩下的商品都不怎麼樣

然而，每次去這間交通不便的回收中心，
卻都能挖到寶
ARABIA古董馬克杯
竟然還有琴通寧調酒
和熊啤酒的啤酒杯！
買了!!
KARHU
每個人珍視的東西都不一樣，
我自己特別鍾愛玻璃杯和各種杯子，
若看到喜歡的就會買下來

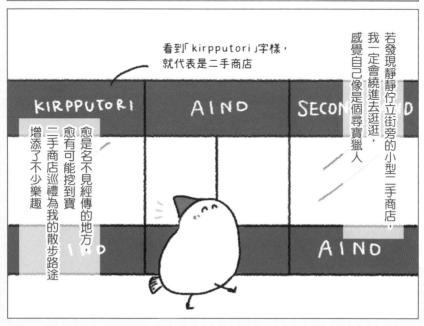

若發現靜靜佇立街旁的小型二手商店，
我一定會繞進去逛逛，
感覺自己像是個尋寶獵人
看到「kirpputori」字樣，
就代表是二手商店
KIRPPUTORI
AINO
AINO
愈是名不見經傳的地方，
愈有可能挖到寶
二手商店巡禮為我的散步路途
增添了不少樂趣

選購芬蘭特有的戶外用品

這兩家店是我去芬蘭必逛的戶外用品店
SCANDINAVIAN OUTDOOR
#LIFEOUTDOORS
PARTIOAITTA
兩家店正好位於彼此對面，可以一次逛好逛滿

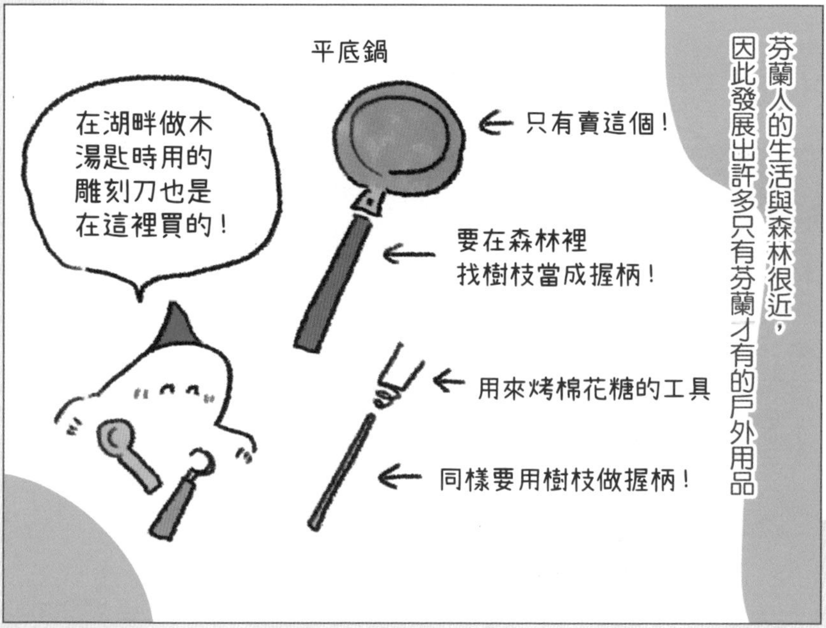
芬蘭人的生活與森林很近，因此發展出許多只有芬蘭才有的戶外用品
平底鍋
只有賣這個！
要在森林裡找樹枝當成握柄！
用來烤棉花糖的工具
同樣要用樹枝做握柄！
在湖畔做木湯匙時用的雕刻刀也是在這裡買的！

這裡也能買到一種叫「kuksa」的木杯，
據說獲贈這種杯子的人能夠得到幸福
用白樺木樹瘤製成的傳統工藝品「kuksa」
非常好用，大大推薦!!
木紋看起來很真實！KUPILKA的kuksa風格樹脂杯

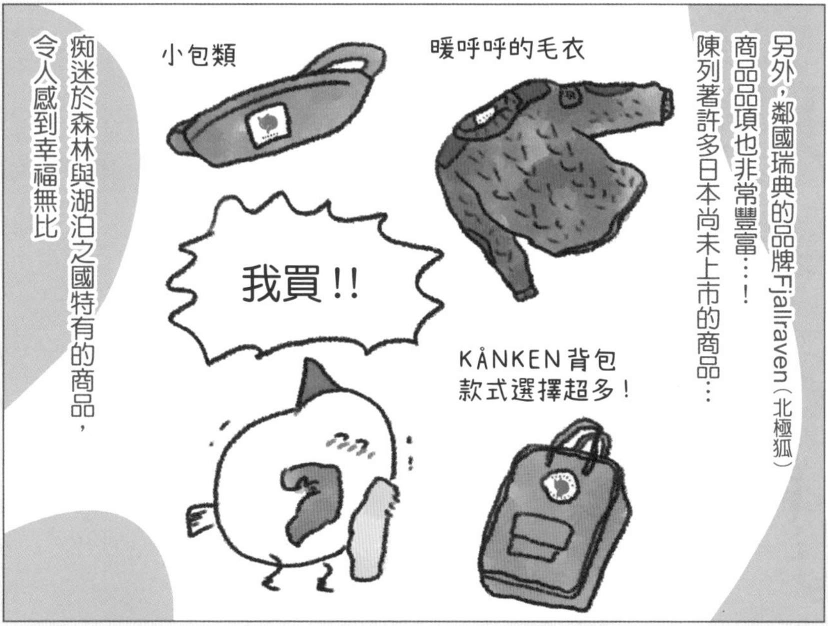
另外，鄰國瑞典的品牌Fjallraven（北極狐）
商品品項也非常豐富…！
陳列著許多日本尚未上市的商品…
暖呼呼的毛衣
小包類
我買!!
KÅNKEN背包款式選擇超多！
痴迷於森林與湖泊之國特有的商品，
令人感到幸福無比

跨越時代，長年深受喜愛的古董餐具魅力無窮

每個芬蘭人家裡
都有從家人手中繼承而來的餐具
這是ARABIA的古董餐具對吧？
是我從家人那繼承來的喔～
幾十年都看不膩的北歐設計，
與長年來受到這個家庭喜愛的餐具，
有一種說不上來的韻味

北歐擁有「跨越時代珍惜物品」的文化
我在二十六歲時深受感動，
於是成了北歐古董餐具買家
申請營業登記…
架設網路商店…
喀答喀答
店名叫dilet
從世界各地收購北歐古董餐具…！
好突然

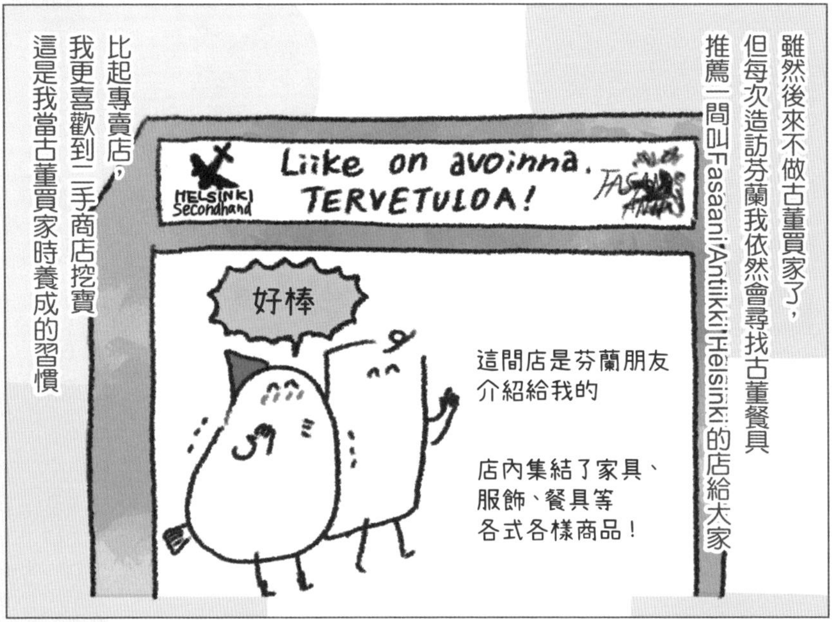
雖然後來不做古董買家了，
但每次造訪芬蘭我依然會尋找古董餐具
推薦一間叫Fasaani Antiikki Helsinki的店給大家
Liike on avoinna.
TERVETULOA!
HELSINKI Secondhand
好棒
這間店是芬蘭朋友介紹給我的
店內集結了家具、服飾、餐具等各式各樣商品！
比起專賣店，
我更喜歡到二手商店挖寶
這是我當古董買家時養成的習慣

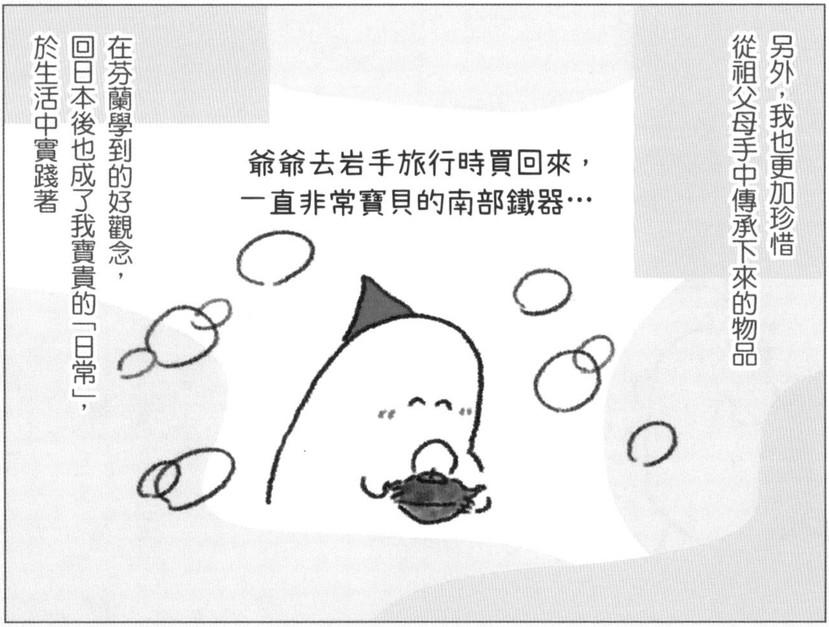
另外，我也更加珍惜
從祖父母手中傳承下來的物品
爺爺去岩手旅行時買回來，
一直非常寶貝的南部鐵器…
在芬蘭學到的好觀念，
回日本後也成了我寶貴的「日常」，
於生活中實踐著

我很喜歡能夠找到稀有商品的跳蚤市集

想挖掘特別的北歐商品時，
我很喜歡去夏天的「Kirpputori」
Moi!
（嗨）
「Kirpputori」是「跳蚤市集」的意思
五月到九月之間會舉辦好幾次跳蚤市集

Hakaniemi Market Hall是我每次都會去的市集，
從赫爾辛基中央車站搭地鐵只要十分鐘
可以看到很多市面上找不到的marimekko絕版商品
天堂!?
走出地鐵站就會看到
占滿整個廣場的跳蚤市集…
光這幅景象就令人雀躍

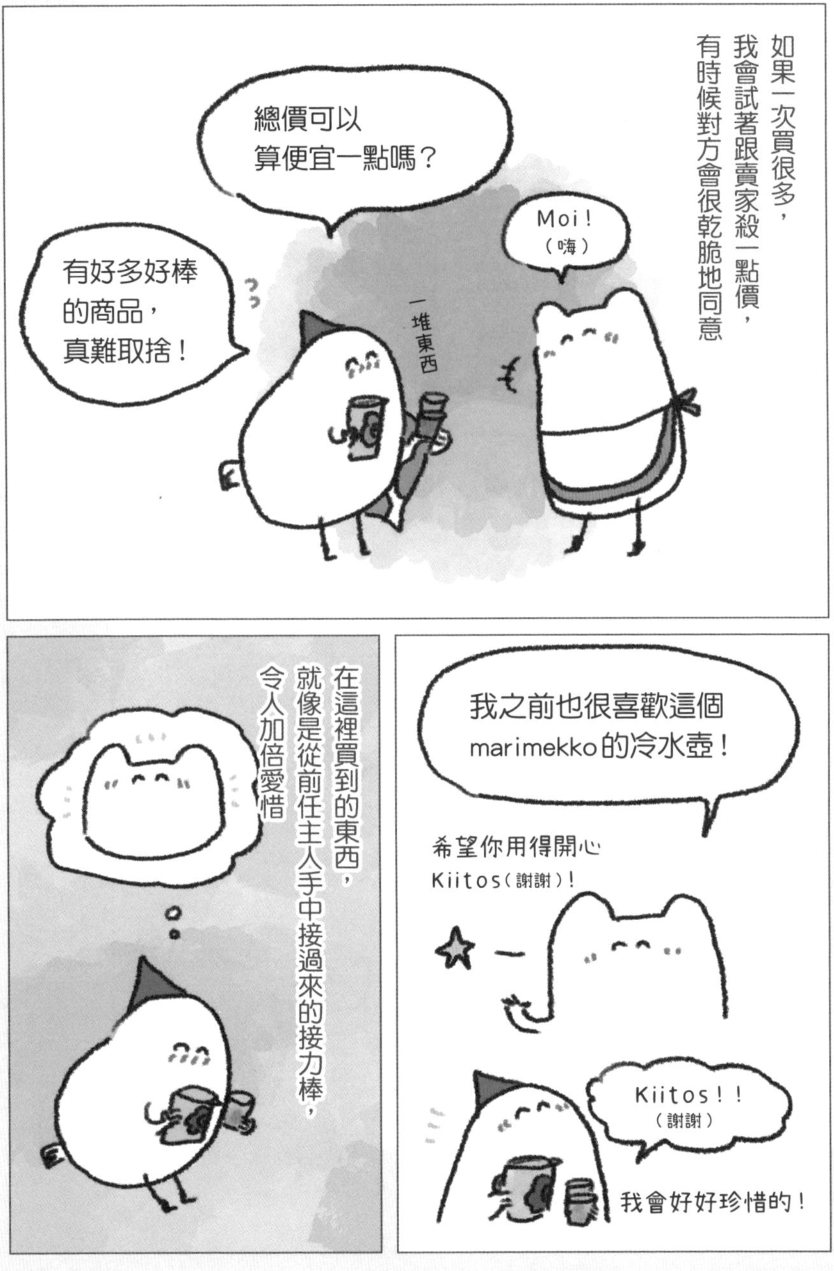
如果一次買很多，
我會試著跟賣家殺一點價，
有時候對方會很乾脆地同意
Moi！（嗨）
總價可以算便宜一點嗎？
有好多好棒的商品，真難取捨！
一堆東西
我之前也很喜歡這個marimekko的冷水壺！
希望你用得開心
Kiitos（謝謝）！
Kiitos！！（謝謝）
我會好好珍惜的！
在這裡買到的東西，
就像是從前任主人手中接過來的接力棒，
令人加倍愛惜

為生活增色的北歐品牌餐具是我心中的夢幻逸品

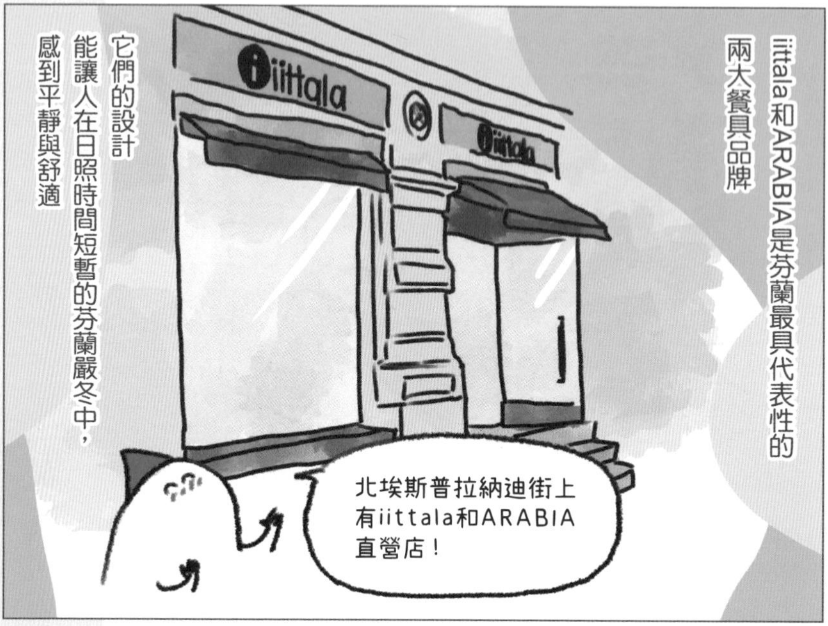
iittala和ARABIA是芬蘭最具代表性的
兩大餐具品牌
它們的設計
能讓人在日照時間短暫的芬蘭嚴冬中，
感到平靜與舒適
iittala
iittala
北埃斯普拉納迪街上
有iittala和ARABIA
直營店！

從芬蘭買回來的各種餐具
讓我的日常生活變得多采多姿
Paratiisi
名為「樂園」
的長銷商品
Teema
設計簡約又好用，
是每個芬蘭人家裡
都有的經典餐具！
Taika
好上鏡…
Kartio
可以買好幾個…
24h AVEC
電影《海鷗食堂》中出現過
Ultima Thule
以拉普蘭（芬蘭最北邊的行政區）
的融雪為設計概念

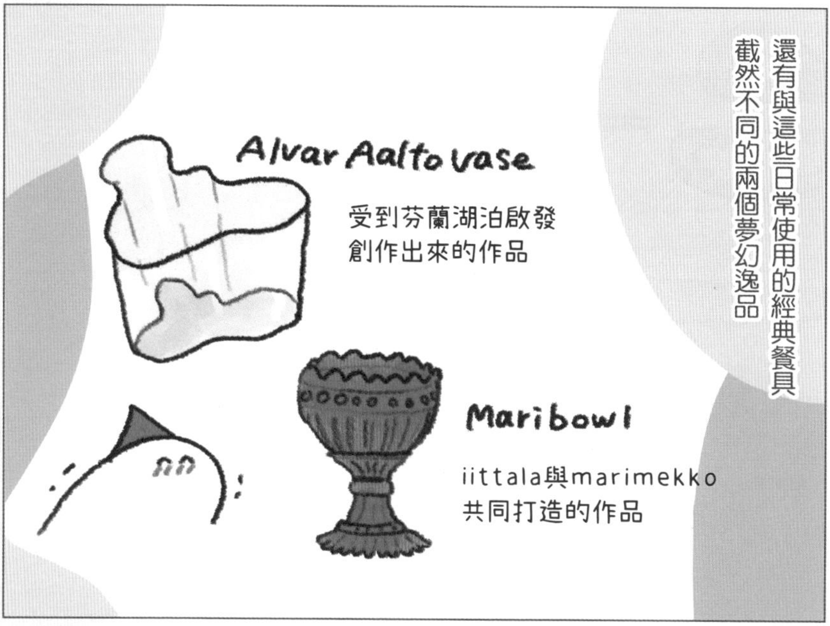
還有與這些日常使用的經典餐具
截然不同的兩個夢幻逸品
Alvar Aalto vase
受到芬蘭湖泊啟發
創作出來的作品
Maribowl
iittala與marimekko
共同打造的作品

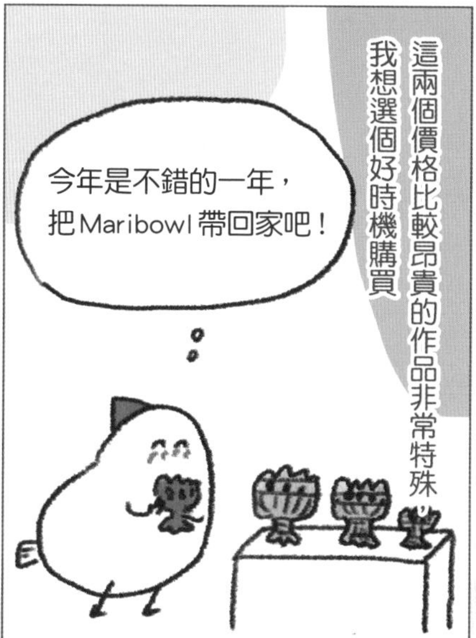
這兩個價格比較昂貴的作品非常特殊，
我想選個好時機購買
今年是不錯的一年，
把Maribowl帶回家吧！

芬蘭人卻是在日常生活中
相當自然地使用它們
很多家庭用來插花！
塞滿滿
裝優格
在把它們買回家前，一邊幻想著用法，
一邊在店裡陶醉欣賞的時光
同樣令人感到幸福

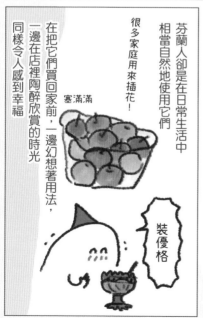

購買芬蘭國民剪刀

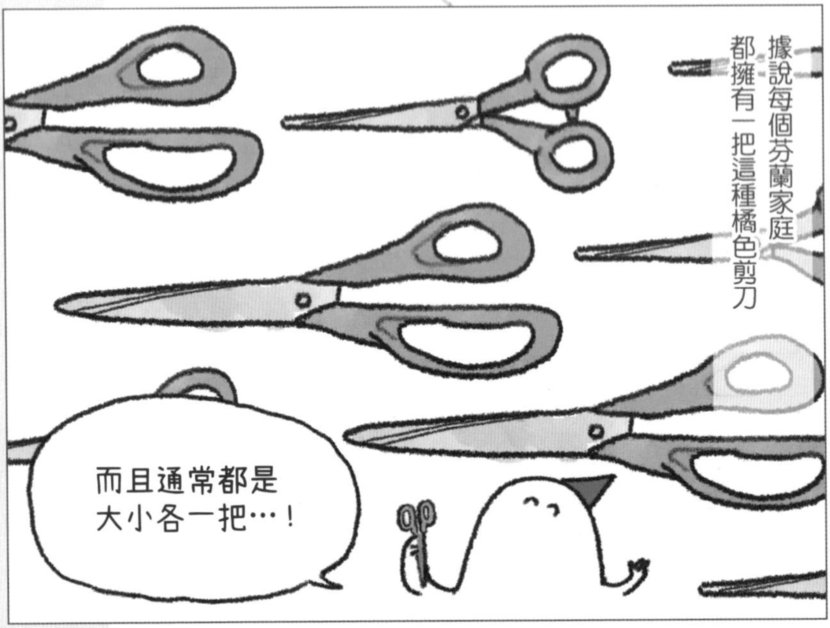
據說每個芬蘭家庭
都擁有一把這種橘色剪刀
而且通常都是
大小各一把…！

這把剪刀來自擁有三百五十年以上歷史的
芬蘭刀具品牌FISKARS
非常鋒利
喀擦
FISKARS是個芬蘭郊外的地名，
該地自一六〇〇年代起就以打鐵聞名…
這把剪刀也是從這裡誕生的

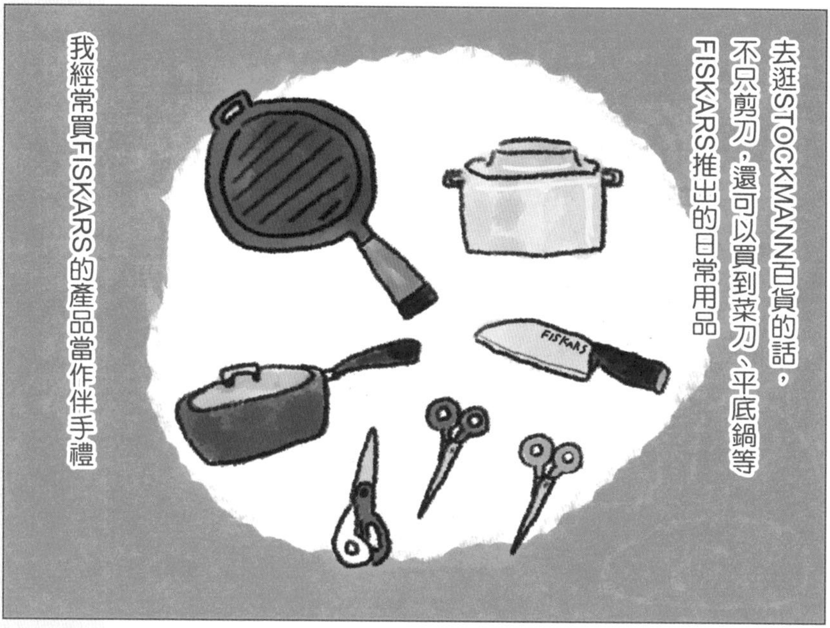
去逛STOCKMANN百貨的話，
不只剪刀，還可以買到菜刀、平底鍋等
FISKARS推出的日常用品
FISKARS
我經常買FISKARS的產品當作伴手禮

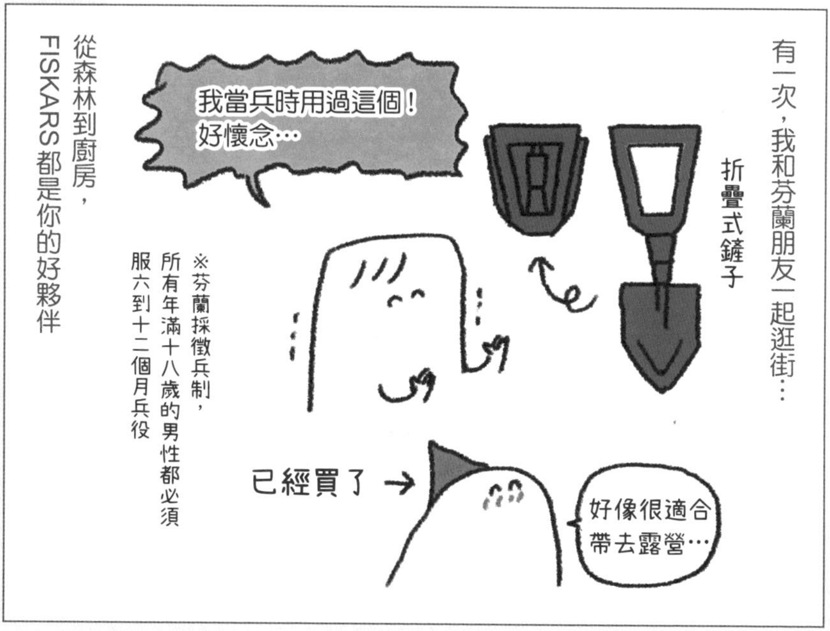
有一次，我和芬蘭朋友一起逛街…
折疊式鏟子
我當兵時用過這個！
好懷念…
※芬蘭採徵兵制，
所有年滿十八歲的男性都必須
服六到十二個月兵役
已經買了
好像很適合
帶去露營…
從森林到廚房，
FISKARS都是你的好夥伴

我很愛用在芬蘭買的環保購物袋

芬蘭的超市或百貨公司都會販售原創環保購物袋
S-market的環保購物袋
簡約
大容量
價格很親民，常常讓我忍不住手滑
也有卡通角色！
好可愛我買
家裡已經有好幾個…

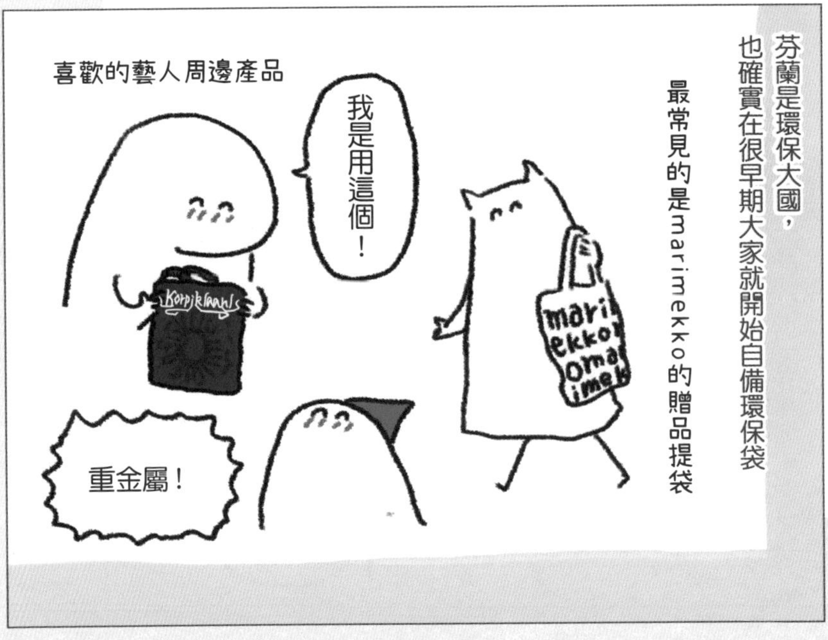
芬蘭是環保大國，也確實在很早期大家就開始自備環保袋
最常見的是marimekko的贈品提袋
喜歡的藝人周邊產品
我是用這個！
重金屬！

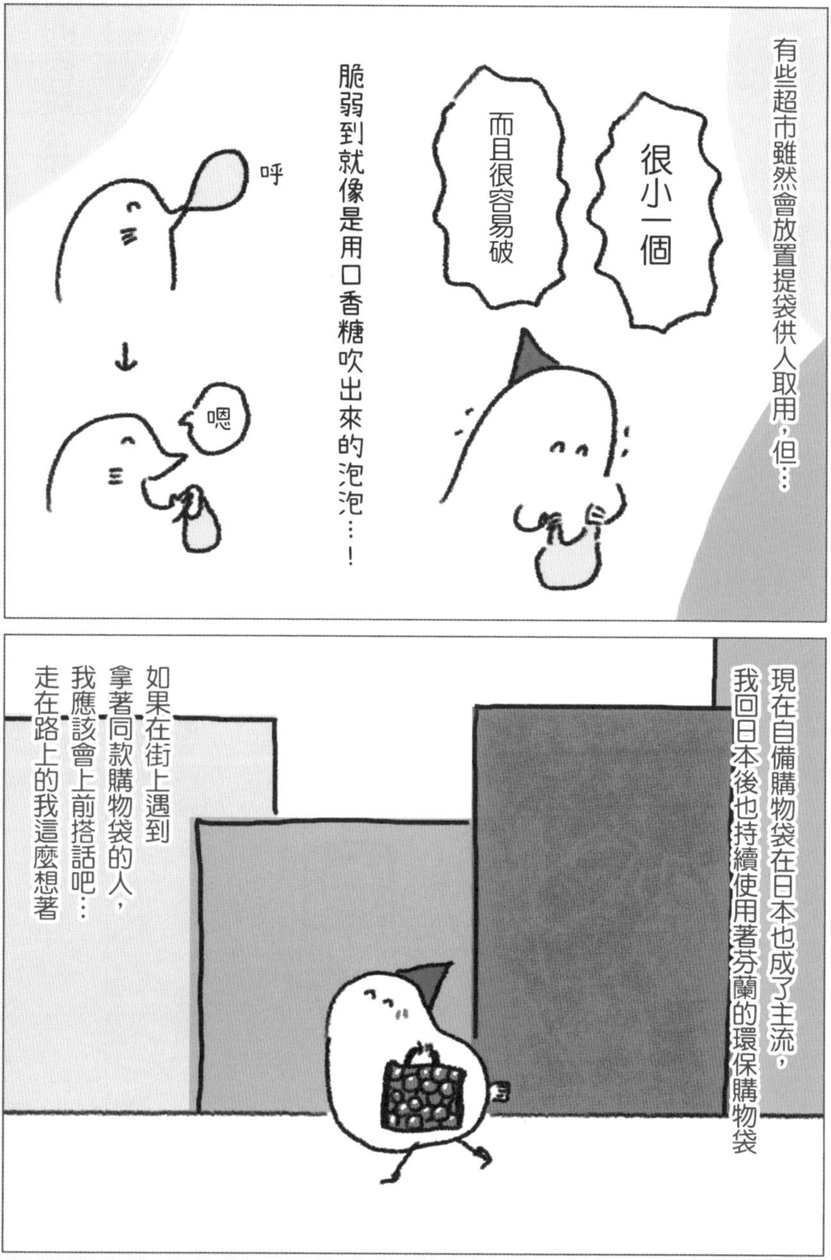
有些超市雖然會放置提袋供人取用，但…
很小一個
而且很容易破
脆弱到就像是用口香糖吹出來的泡泡…!
呼
嗯
現在自備購物袋在日本也成了主流，
我回日本後也持續使用著芬蘭的環保購物袋
如果在街上遇到
拿著同款購物袋的人，
我應該會上前搭話吧…
走在路上的我這麼想著

芬蘭的百貨公司有桑拿用品專賣區

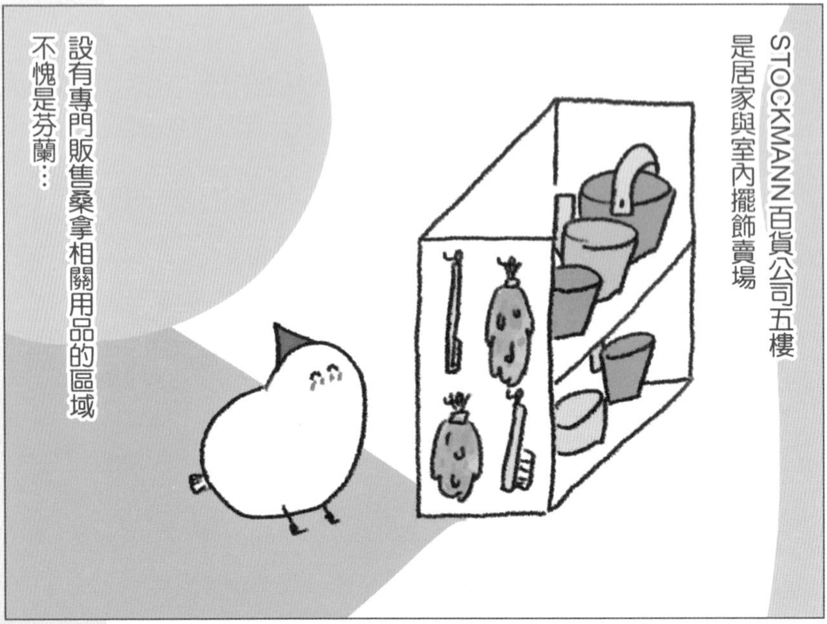
STOCKMANN百貨公司五樓
是居家與室內擺飾賣場
設有專門販售桑拿相關用品的區域
不愧是芬蘭…

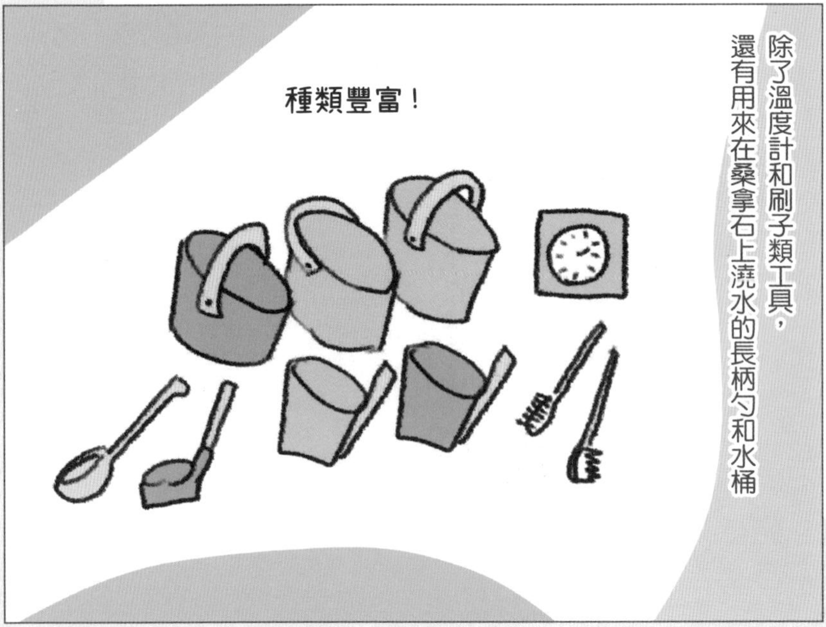
除了溫度計和刷子類工具，
還有用來在桑拿石上澆水的長柄勺和水桶
種類豐富！

也有針對傳統柴火桑拿設計的方便工具
讓搬運木柴變得更容易的工具！
在芬蘭的柴火桑拿房
一定會看到它…！
呵呵

就連蒸桑拿時用來拍打身體的
白樺樹枝「Vihta」都有賣
買來裝飾房間
也不錯…
好安詳…
桑拿發源國果然名不虛傳
可以買到芬蘭特有的桑拿用品

把芬蘭的香氣帶回家

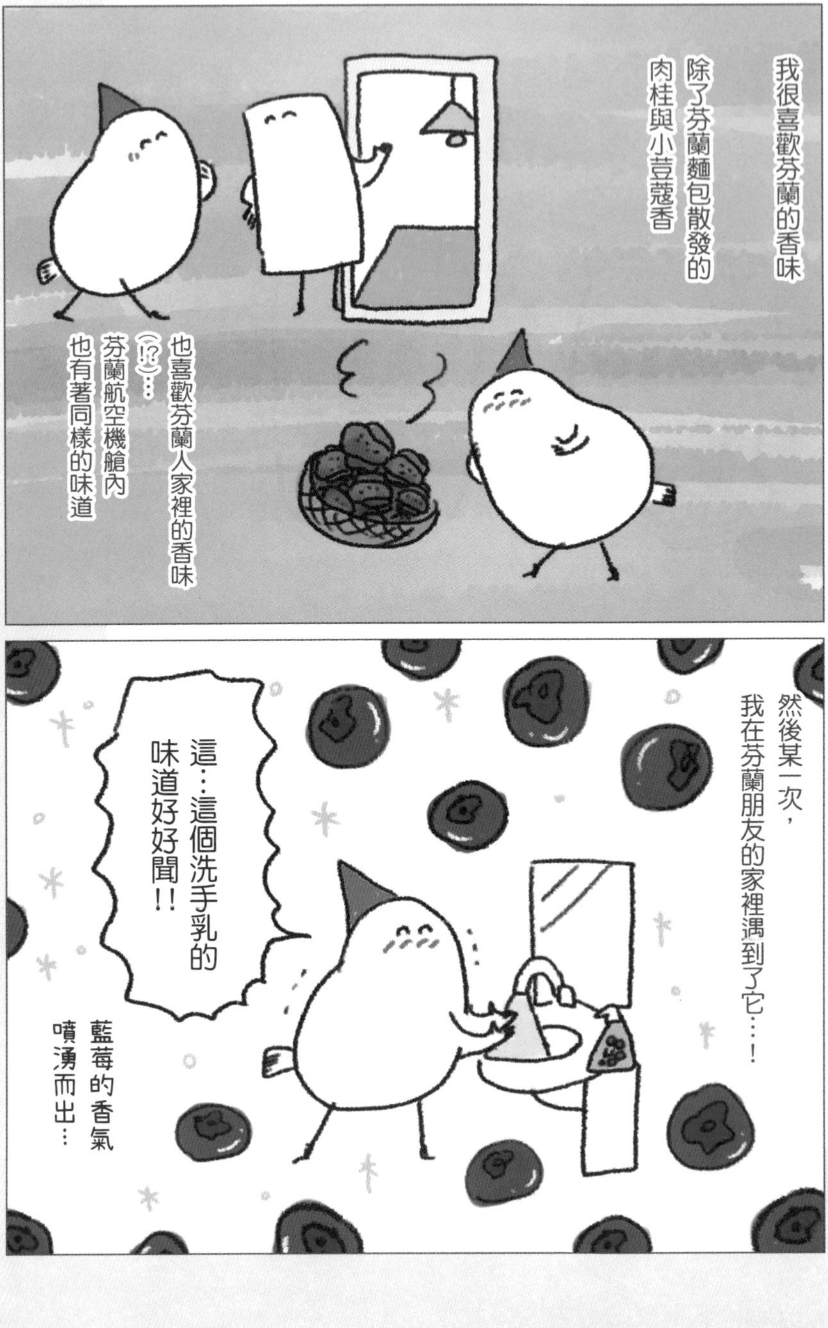
我很喜歡芬蘭的香味
除了芬蘭麵包散發的
肉桂與小荳蔻香
也喜歡芬蘭人家裡的香味
(!?)…
芬蘭航空機艙內
也有著同樣的味道
然後某一次，
我在芬蘭朋友的家裡遇到了它…!
這…這個洗手乳的
味道好好聞!!
藍莓的香氣
噴湧而出…

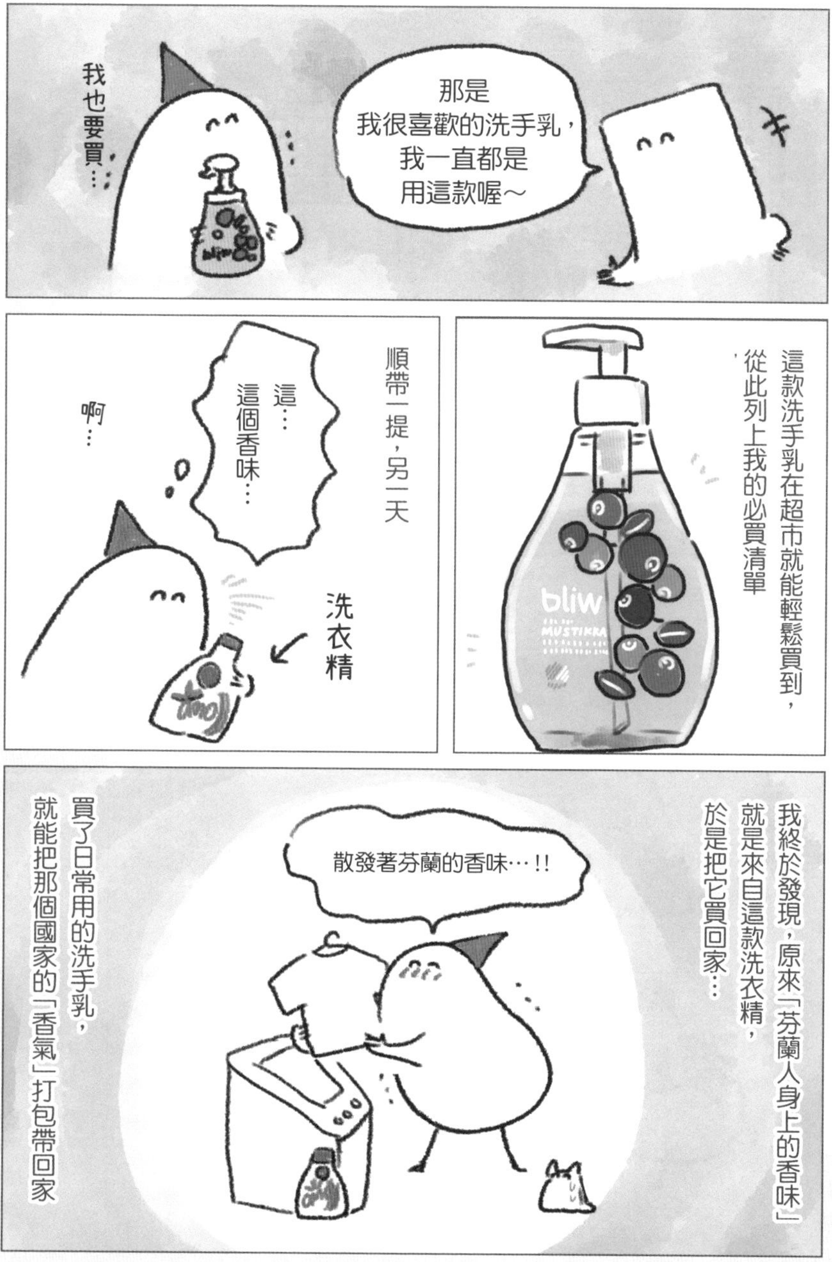
那是
我很喜歡的洗手乳，
我一直都是
用這款喔～
我也要買…
這款洗手乳在超市就能輕鬆買到，
從此列上我的必買清單
bliw
MUSTIKKA
順帶一提，另一天
這…
這個香味…
啊…
洗衣精
我終於發現，原來「芬蘭人身上的香味」
就是來自這款洗衣精，
於是把它買回家…
散發著芬蘭的香味…!!
買了日常用的洗手乳，
就能把那個國家的「香氣」打包帶回家

把芬蘭的廚房用品帶回家

赫爾辛基街角有一家叫做
Chez Marius的廚房用品專賣店
Chez Marius
KEITTIÖTARVIKKEET
這是一間
絕對不會讓廚房用品愛好者失望的店

小巧精緻的店內
密密麻麻陳列著各式生活用品
店裡的芬蘭客人
應該也都是喜歡下廚的人
認真挑選商品的身影令人倍感親切

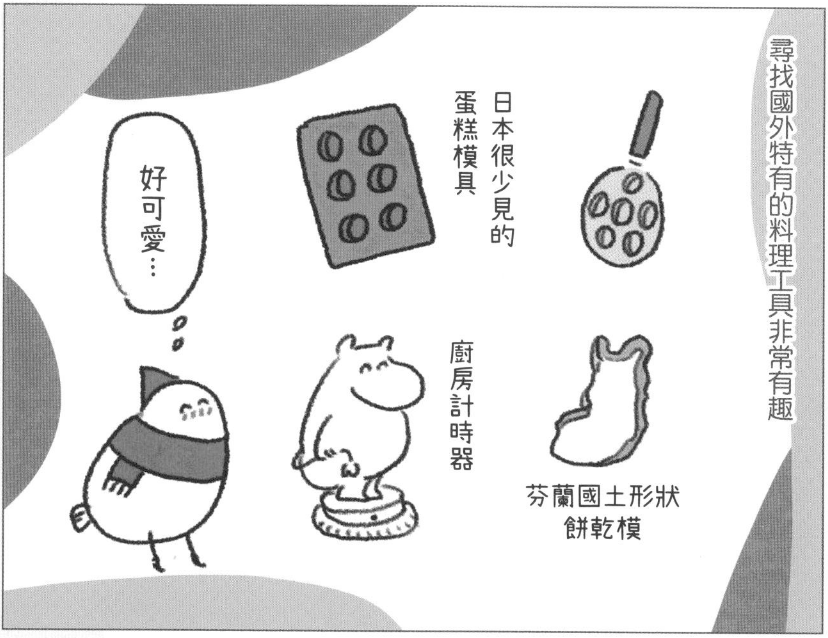
尋找國外特有的料理工具非常有趣
日本很少見的蛋糕模具
廚房計時器
芬蘭國土形狀餅乾模
好可愛…

只要看到可愛的餅乾模，我就會忍不住買下來
好可愛的餅乾模！買回日本用吧！
餅乾模既不占空間，使用時又能回憶旅行的美好，非常不賴
買下貼近日常的廚房用品當作給自己的伴手禮，也是我的樂趣之一

我有一款超喜歡的芬蘭巧克力

我很喜歡芬蘭製造商Fazer的板狀巧克力
我是在某個夏天
和芬蘭朋友一起開船出海時
喜歡上Fazer板狀巧克力的

船漂浮在海面上，
朋友緩緩拿出Fazer牛奶巧克力
要吃巧克力嗎？
這巧克力真大片⋯⋯
在日本應該很難
隨身攜帶吧⋯！
莫名地覺得這一點很有趣

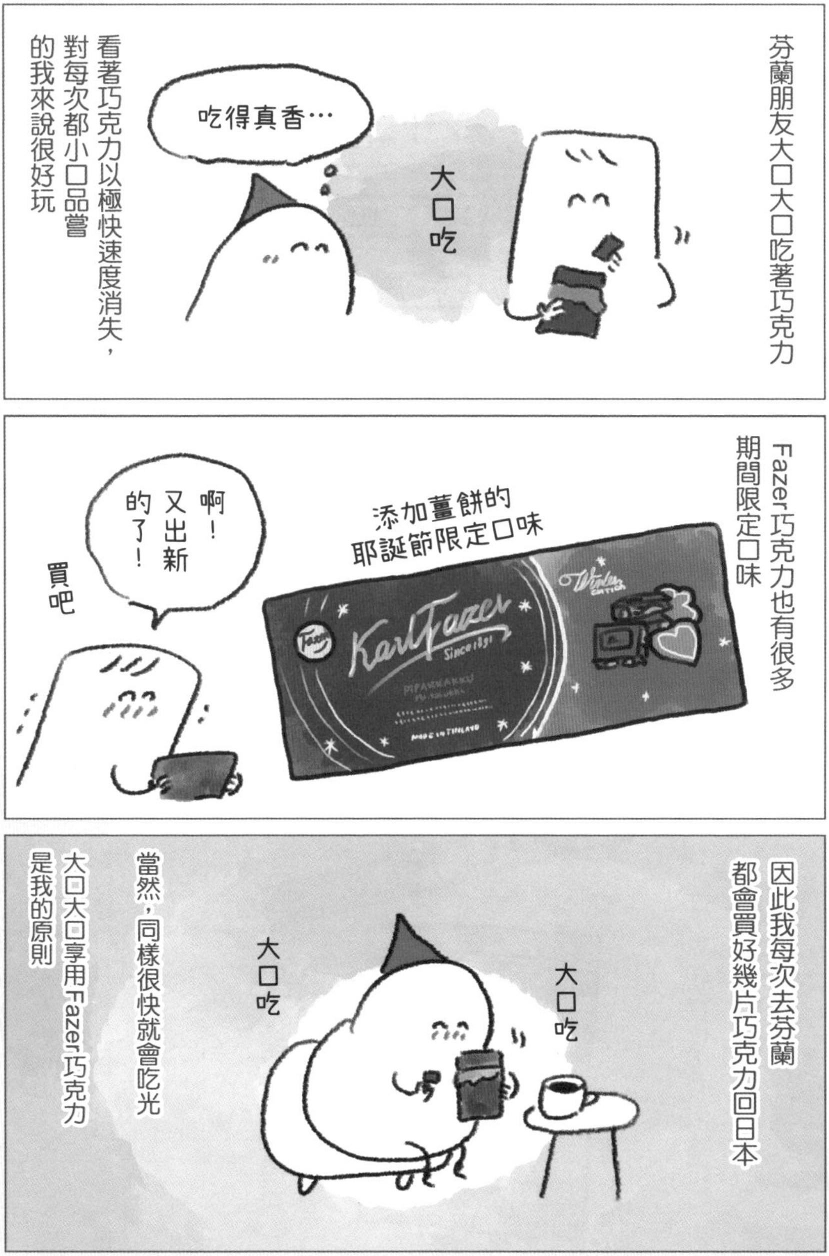
芬蘭朋友大口大口吃著巧克力
大口吃
吃得真香…
看著巧克力以極快速度消失，
對每次都小口品嘗
的我來說很好玩
Fazer巧克力也有很多
期間限定口味
添加薑餅的
耶誕節限定口味
KarlFazer
Since 1891
MADE IN FINLAND
啊！
又出新
的了！
買吧
因此我每次去芬蘭
都會買好幾片巧克力回日本
大口吃
大口吃
當然，同樣很快就會吃光
大口大口享用Fazer巧克力
是我的原則

到超市選購香草和香料

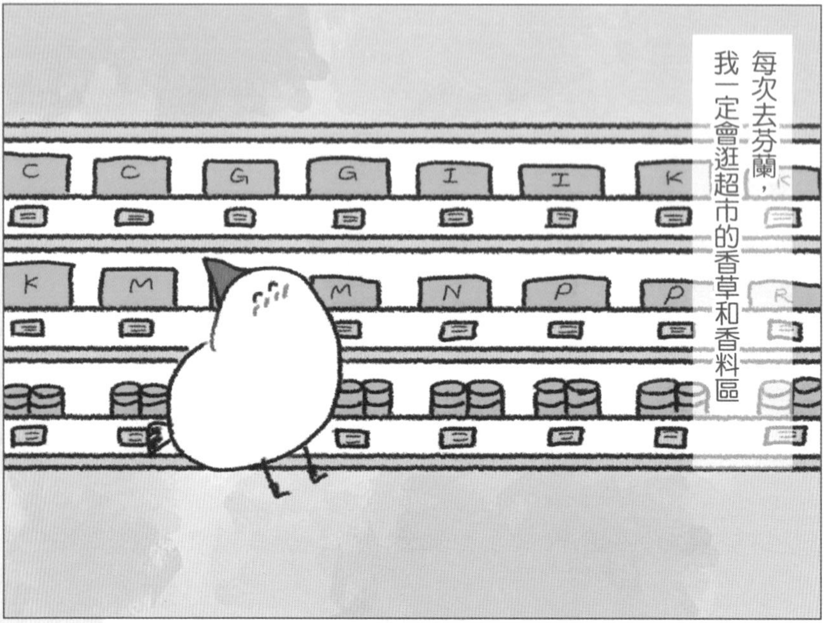
每次去芬蘭，
我一定會逛超市的香草和香料區
C
C
G
G
I
I
K
K
M
M
N
P
P
R

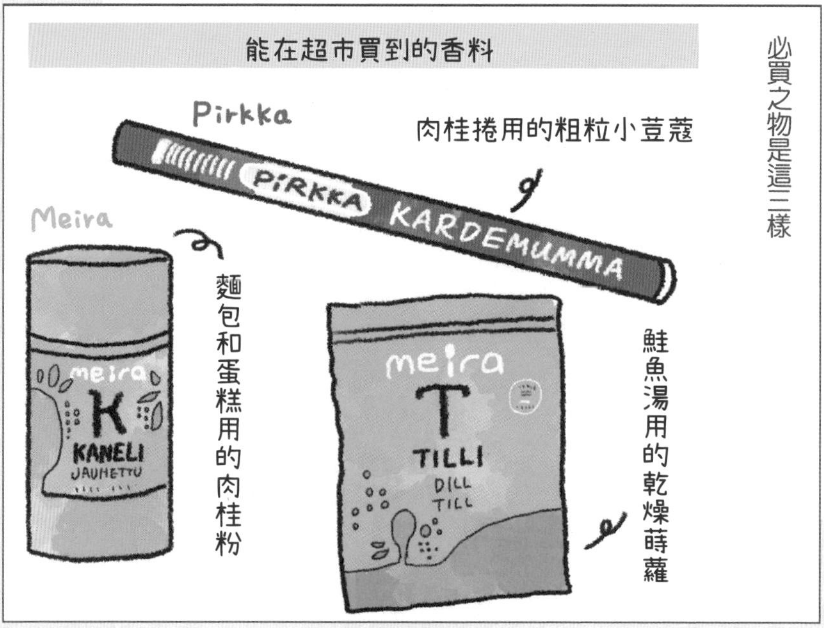
必買之物是這三樣
能在超市買到的香料
Pirkka
肉桂捲用的粗粒小荳蔻
PIRKKA KARDEMUMMA
Meira
麵包和蛋糕用的肉桂粉
meira
K
KANELI
JAUHETTU
鮭魚湯用的乾燥蒔蘿
meira
T
TILLI
DILL
TILL

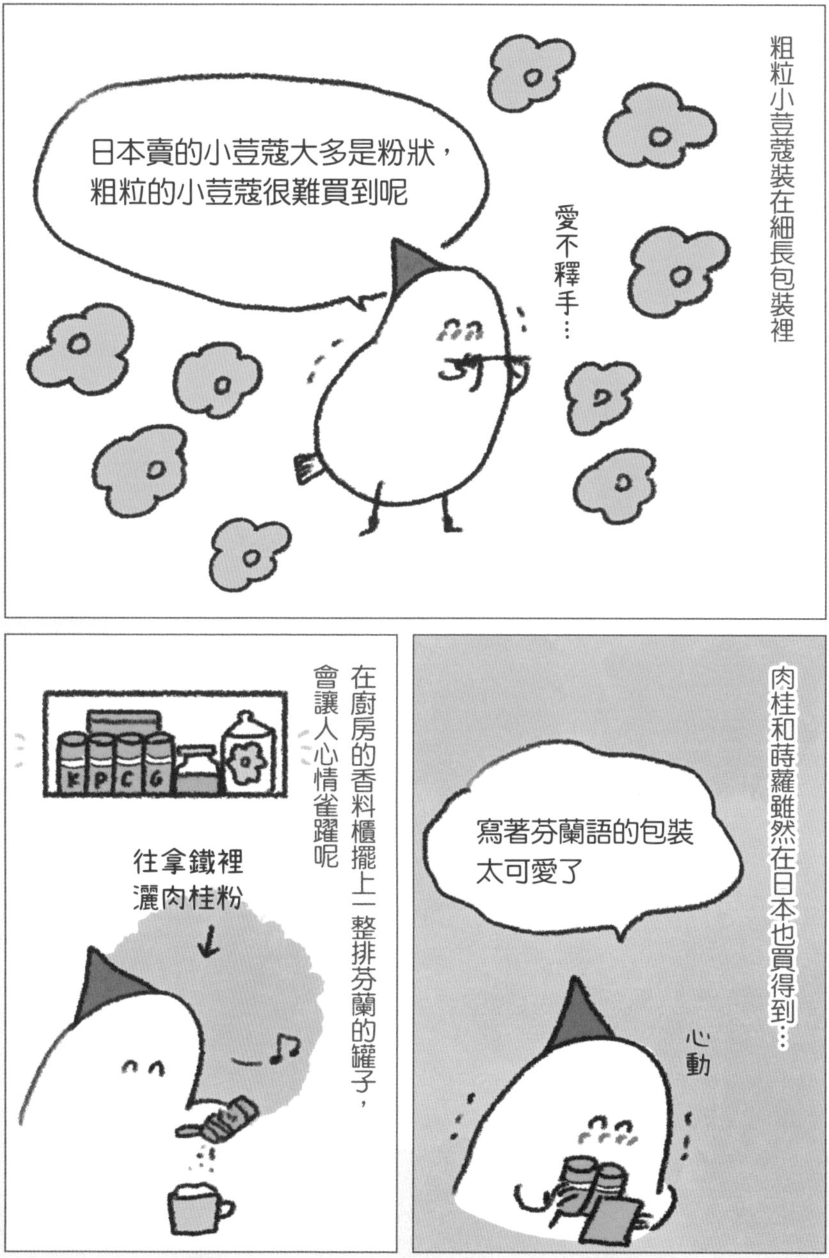
粗粒小荳蔻裝在細長包裝裡
愛不釋手…
日本賣的小荳蔻大多是粉狀，粗粒的小荳蔻很難買到呢
肉桂和蒔蘿雖然在日本也買得到…
寫著芬蘭語的包裝太可愛了
心動
在廚房的香料櫃擺上一整排芬蘭的罐子，會讓人心情雀躍呢
往拿鐵裡灑肉桂粉
K P C G

每次去芬蘭必買的點心盒伴手禮

我每次都是買巧克力和糖果套組
帶去公司發給同事…
任誰都看得出來是芬蘭的東西！
口味也是接受度高的安全牌！
Panda藍莓巧克力
Panda SUOMI
嚕嚕米糖果
提早進公司，放在大家的辦公桌上…
俐落
我一定會再買這個嚕嚕米綜合點心盒！
裡面放了六種嚕嚕米小點心
機場也買得到！
MOOMIN
每盒都附贈一個角色的鑰匙圈，
打開禮盒前就令人期待不已

我會把裡面的東西全倒出來，讓大家自由挑選…
伴手禮！大家挑自己喜歡的吧
嘩啦
哇～！我想要軟糖
有糖果、軟糖、木糖醇口香糖…可愛的包裝裡裝了各式各樣零食，能讓大家在挑選的同時熱鬧一番
好可愛！
當然，伴手禮不能少了鹹甘草糖
還有芬蘭國民糖果喔
哇～
啊…（察覺不對勁）
去年吃過
嗚嘔—
意外地還行…
大家的反應是我發芬蘭伴手禮時的樂趣

每次從芬蘭回來，我的嚕嚕米馬克杯都會增加

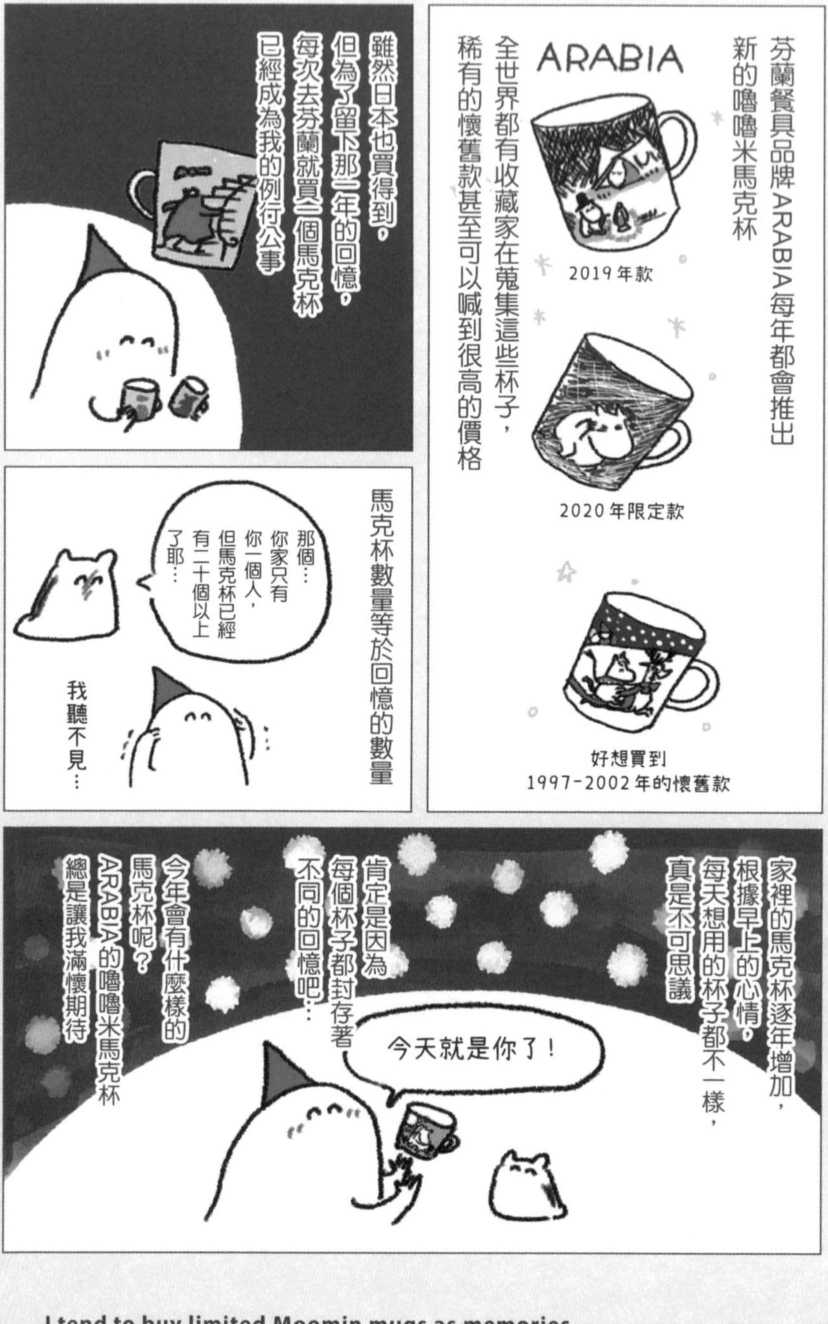
芬蘭餐具品牌ARABIA每年都會推出
新的嚕嚕米馬克杯
ARABIA
2019年款
全世界都有收藏家在蒐集這些杯子，
稀有的懷舊款甚至可以喊到很高的價格
2020年限定款
好想買到
1997-2002年的懷舊款
雖然日本也買得到，
但為了留下那一年的回憶，
每次去芬蘭就買一個馬克杯
已經成為我的例行公事
馬克杯數量等於回憶的數量
那個…你家只有你一個人，但馬克杯已經有二十個以上了耶…
我聽不見…
家裡的馬克杯逐年增加，
根據早上的心情，
每天想用的杯子都不一樣，
真是不可思議
肯定是因為
每個杯子都封存著
不同的回憶吧…
今天就是你了！
今年會有什麼樣的
馬克杯呢？
ARABIA的嚕嚕米馬克杯
總是讓我滿懷期待

製作在芬蘭學會的巧克力布朗尼

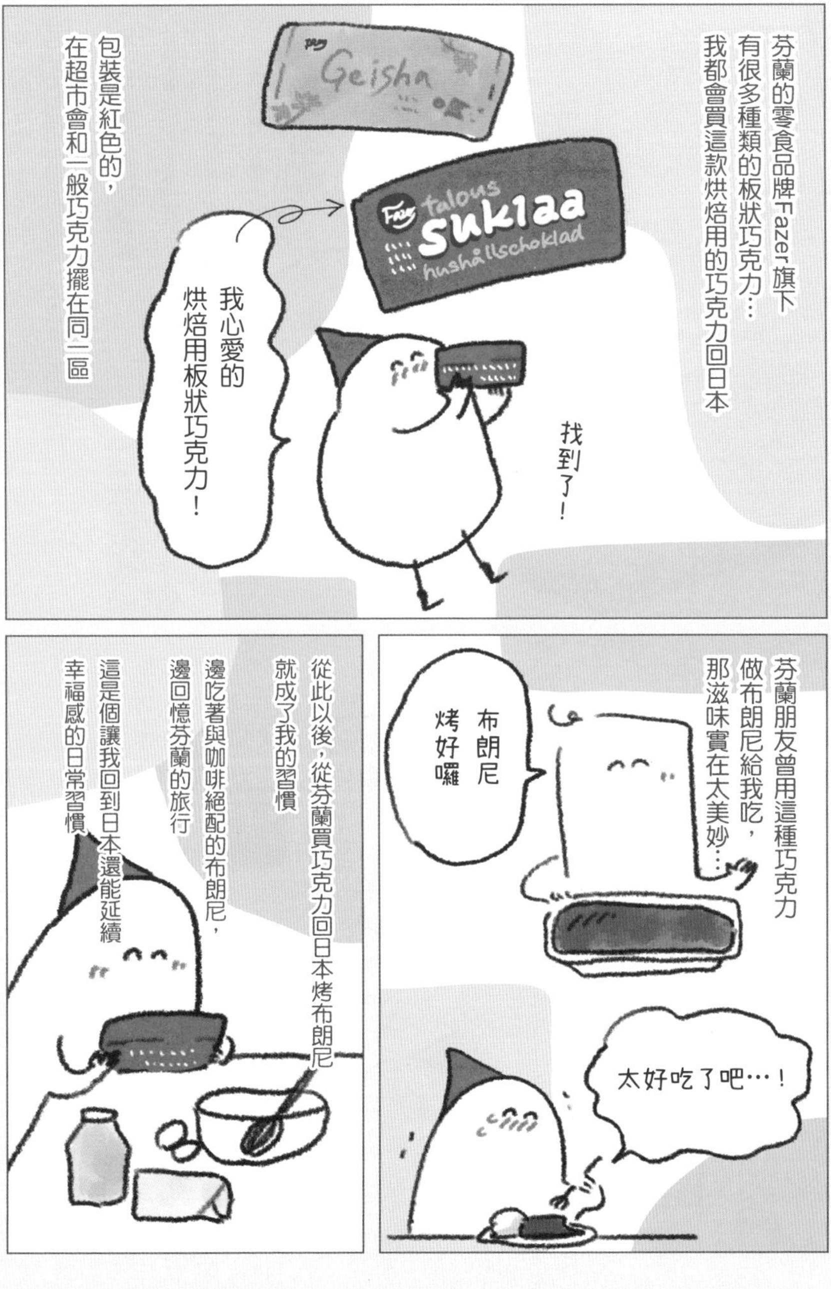
芬蘭的零食品牌Fazer旗下
有很多種類的板狀巧克力…
我都會買這款烘焙用的巧克力回日本
Geisha
Fazer
talous
suklaa
hushållschoklad
找到了！
我心愛的
烘焙用板狀巧克力！
包裝是紅色的，
在超市會和一般巧克力擺在同一區
芬蘭朋友曾用這種巧克力
做布朗尼給我吃，
那滋味實在太美妙…
布朗尼
烤好囉
太好吃了吧…！
從此以後，從芬蘭買巧克力回日本烤布朗尼
就成了我的習慣
邊吃著與咖啡絕配的布朗尼，
邊回憶芬蘭的旅行
這是個讓我回到日本還能延續
幸福感的日常習慣

我很喜歡用可可粉自己做熱巧克力

那有著一雙引人注目大眼睛的包裝盒，
正是零食品牌Fazer可可粉
兩百克的大包裝，
價格只要三歐元多
Fazer
CACAO
200g
也很適合拿來做點心！
某個冬天夜裡，朋友說：「現在是熱巧克力時間。」
然後用這個可可粉做了超美味的熱巧克力給我喝
熱牛奶
+
可可粉
+
糖
那次以後，我每次都會買
大眼睛可可粉帶回日本
寒冷的夜裡
用心調製的熱巧克力，
是給自己最棒的犒賞
香濃美味…
暖呼呼…

木糖醇口香糖是不可或缺的伴手禮

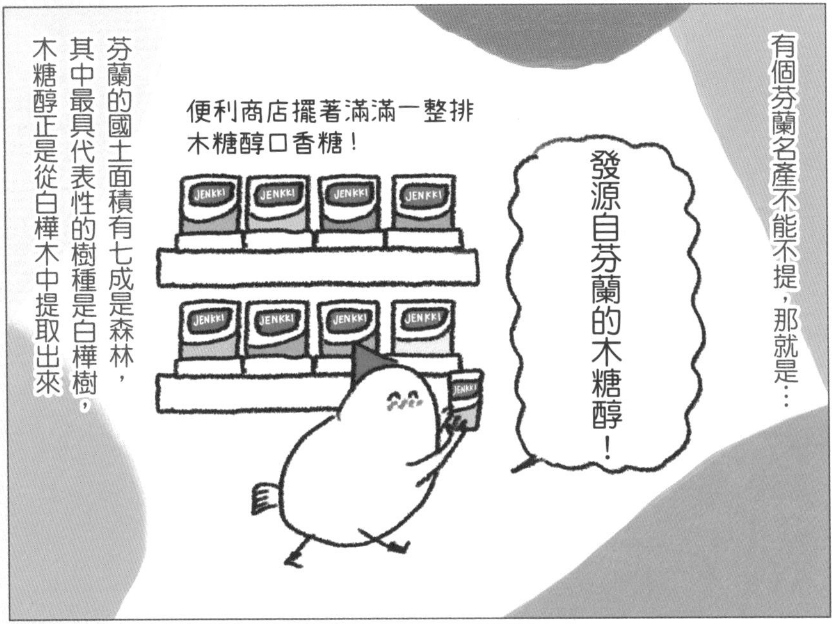
有個芬蘭名產不能不提，那就是……
發源自芬蘭的木糖醇！
便利商店擺著滿滿一整排木糖醇口香糖！
JENKKI
芬蘭的國土面積有七成是森林，其中最具代表性的樹種是白樺樹，木糖醇正是從白樺木中提取出來

嚕嚕米的木糖醇系列產品是我每次必買的伴手禮
口香糖是一定要的
Xylimax
Xylimax
OXYGENOL
還有牙膏！

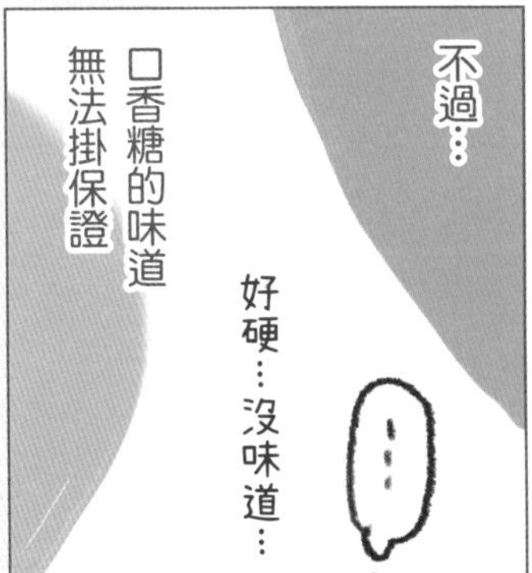
不過…
口香糖的味道無法掛保證
好硬…沒味道…
有益牙齒健康
嚼嚼嚼嚼

利用Airbnb，來一場定居芬蘭般的旅行

Airbnb是一個媒合想出租空屋的屋主和想租借屋子的旅客的應用程式
去芬蘭旅行時
我幾乎都是用Airbnb
簡稱「Airb」

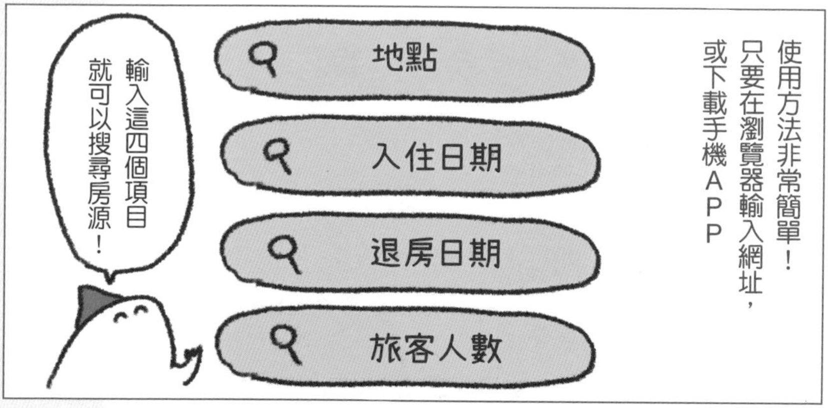
使用方法非常簡單！只要在瀏覽器輸入網址，或下載手機APP
地點
入住日期
退房日期
旅客人數
輸入這四個項目就可以搜尋房源！

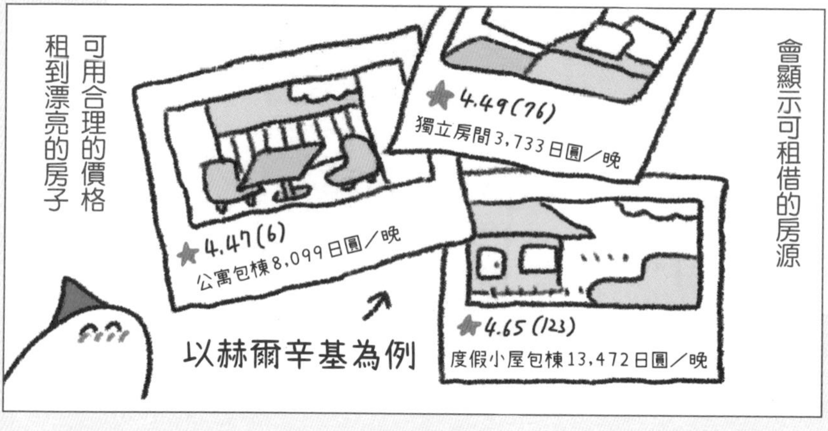
會顯示可租借的房源
4.49(76)
獨立房間3,733日圓／晚
4.47(6)
公寓包棟8,099日圓／晚
4.65(123)
度假小屋包棟13,472日圓／晚
以赫爾辛基為例
可用合理的價格租到漂亮的房子

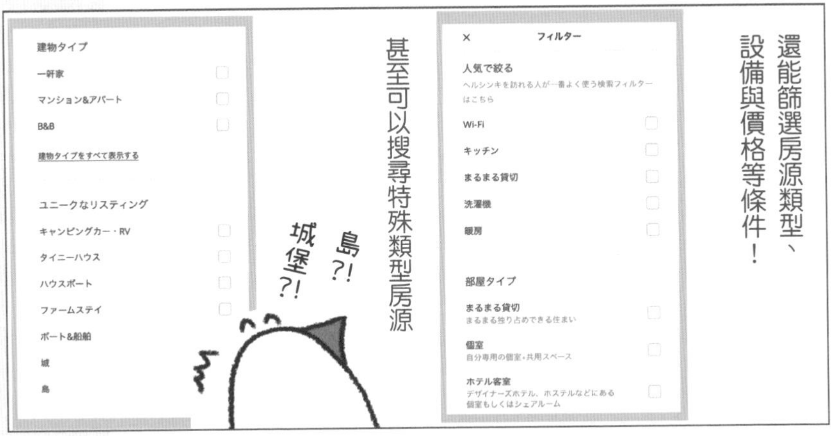
還能篩選房源類型、
設備與價格等條件！
× フィルター
人気で絞る
ヘルシンキを訪れる人が一番よく使う検索フィルターはこちら
Wi-Fi
キッチン
まるまる貸切
洗濯機
暖房
部屋タイプ
まるまる貸切
まるまる独り占めできる住まい
個室
自分専用の個室・共用スペース
ホテル客室
デザイナーズホテル、ホステルなどにある個室もしくはシェアルーム
甚至可以搜尋特殊類型房源
島?!
城堡?!
建物タイプ
一軒家
マンション&アパート
B&B
建物タイプをすべて表示する
ユニークなリスティング
キャンピングカー・RV
タイニーハウス
ハウスボート
ファームステイ
ボート&船舶
城
島

決定好後，
就在網站或應用程式中預先付款
屋主會傳訊息告知
辦理入住的方法等資訊
Hello. Thank you for choosing us!
翻譯成中文
我會在12日的13:00
抵達度假小屋。
屋主會用英文傳訊息，
Airbnb有翻譯功能，不用擔心

通常是現場跟屋主拿鑰匙，
並聽屋主說明注意事項
遇到任何問題，
隨時傳訊息給我喔！
Kiitos！（謝謝）
在旅行地有個自己的家…
這也是一種特殊的旅行體驗

1

2

3

Hyvää!
Marianne

4

SAUNA
JALOSTAJA
IPA

5

6

1 令人興奮到無法呼吸的可愛設計和超划算價格。marimekko outlet 簡直是個寶島（P174）。

2 在二手商店或跳蚤市集挖掘到的北歐古董餐具令人心動不已（P184）。

3 我決定在發生好事的某一年，買下擁有非凡魅力的 Maribowl 做為紀念（P192）。

4 回日本後，把可愛的零食包裝紙做成胸章繼續賞玩…！（P156）。

5 抵達度假小屋後，用一堆經典招牌食物把空空如也的冰箱塞滿，是一件非常愉快的事（P160）。

6 用芬蘭買回來的物品裝飾房間，讓每天都有好心情（P176）。

芬蘭情報

彙整前往芬蘭旅行時可供參考的事項！

關於芬蘭

正式名稱
芬蘭共和國

首都
赫爾辛基

飛行時間
芬蘭其實是距離日本最近的歐洲國家。直飛大約9小時30分鐘！

人口
551萬人(和北海道差不多)

面積
33萬8400平方公里(和日本差不多)

自然環境
芬蘭是被大自然環繞的國家，國土面積有68%是森林，10%是湖泊和河川。少有高山，最高峰海拔僅1,324公尺，在森林之中也很明亮。

語言
官方語言是芬蘭語和瑞典語。大部分芬蘭人都會說英語。

入境條件
護照…出國時，距離到期日必須還有6個月以上。
簽證…停留期間90天以下的觀光免簽證，離開時護照仍需有3個月以上效期。

貨幣
€／歐元(1€≈33新台幣※2023年1月)大部分店家都可用信用卡。我只有在使用車站的洗手間(1€)與投幣式置物櫃(1天4€起)時會用到零錢。

物價
大概是水1€、咖啡3€、午餐10€、晚餐20€、罐裝啤酒2€、酒吧生啤酒7€的程度。不需要給小費。

時差
比台灣慢6個小時(3月最後一個周日～10月最後一個周日是夏令時間，會變成慢5小時)

營業時間
商店營業時間為周一到周五的9點～18點，周六9點～14點，周日店家多半休息。雖然最近營業到比較晚的店家變多了，還是建議事先確認營業時間。

飲用水
自來水是可以喝的，但不放心的話還是買礦泉水吧。

電壓與插座
和台灣不同，電壓是220/230V，50HZ。搭配有2個圓孔的C型插座。

洗手間
商業設施和觀光設施都設有公共洗手間。STOCKMANN百貨公司的洗手間可免費使用，赫爾辛基中央車站的要收1€。

從機場前往市區
從赫爾辛基萬塔機場前往赫爾辛基中央車站可搭乘火車、巴士或計程車。交通時間約30～45分鐘。

氣候
赫爾辛基的氣溫夏天約25° C，冬天約－5° C。有永晝(夏)和永夜(冬)現象，即使在赫爾辛基，夏天23點左右還是白晝，冬天則是15點就日落。

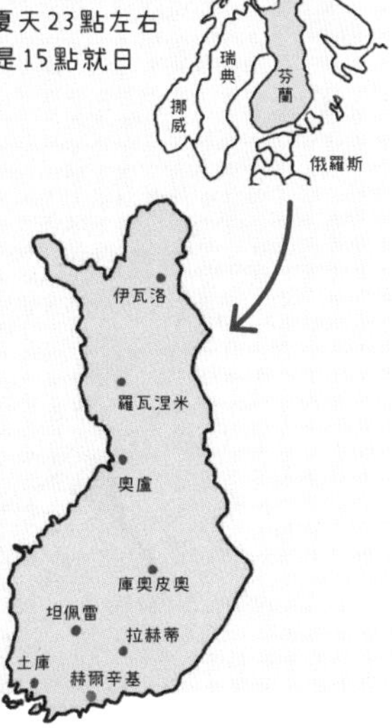
瑞典
芬蘭
挪威
俄羅斯
伊瓦洛
羅瓦涅米
奧盧
庫奧皮奧
坦佩雷
拉赫蒂
土庫
赫爾辛基

嗯嗯
Kana…
不知道是什麼樣的菜色，但應該是某種雞肉料理吧……

詢問

不好意思(叫人)
——Anteeksi

我想要去~
——Haluan mennä~

~在哪裡?
——Missä on ~ ?

有~嗎?
——Onko teillä~ ?

有比這個更大的嗎?
——Onko teillä isompaa kokoa ?

有比這個更小的嗎?
——Onko teillä pienempää kokoa ?

這多少錢?
——Paljonko tämä maksaa ?

我要結帳
——Saisinko laskun

請給我一個(兩個)~
——Yksi(Kaksi)~, kiitos !

Perkele…

和食物相關的單字

餐廳——Ravintola

咖啡廳——Kahvila

酒吧——Baari

沙拉——salaatti

湯——keitto

肉——liha

牛肉——naudanliha

豬肉——sianliha

雞肉——kana

魚——kala

咖啡——kahvi

茶——tee

水——vesi

啤酒——olut

紅酒——viini

補充

芬蘭語有一些和日語發音相同，意思卻完全不同的單字……。

- Susi(日語：壽司)→狼
- Sika(日語：鹿)→豬
- Kani(日語：螃蟹)→兔子

在路上常聽到的髒話有這些

- Perkele
- Saatana

這兩個詞都類似「可惡、該死」，在赫爾辛基到處都聽得到。雖然是髒話，但學會之後再聽見就覺得好像賺到了，真是惡魔般的詞語。

芬蘭語

芬蘭語號稱是世界上最難的語言，但只要照著字母拼音用日式英文的方法讀就能通，對會日文的人來說很好學！

這裡整理了一些「實用芬蘭語」，即使是對芬蘭文法感到挫折的我，在旅途中也經常使用這些詞語。芬蘭語的重音放在「第一個母音」，只要在詞語的開頭用重音，基本上就沒問題了！

打招呼

嗨！——Moi！／Hei！

拜拜——Moimoi！

再見——Näkemiin！

謝謝——Kiitos

不客氣——Ole hyvä！

對不起——Anteeksi

歡迎光臨——Tervetuloa！

下次見——Nähdään！

早安——(Hyvää)huomenta！

晚安——Hyvää yötä！

是——Kyll／Joo

不是——Ei

乾杯！——Kippis！

實用的回應

好啊！——Hyvä！

真棒！——Ihanaa！

好吃！——Hyvä！

真美！——Kaunis！

恭喜！——Onnea！

當然！——Totta kai！

沒問題！——OK！

旅途愉快！——Hyvää matkaa！

我愛你！——Minä rakastan sinua！

自我介紹

初次見面——Hauska tutustua

我(的名字)是〇〇——Olen 〇〇

我是台灣人——Minä olen taiwanilainen

我喜歡芬蘭——Minä pidän Suomesta

Moi！

kaunis!!

芬蘭旅行常用APP

在此介紹能在芬蘭旅行派上用場的方便APP！

地圖APP
Google Map
有了這個就絕對不會迷路！建議事前把想去的地方先儲存起來。使用離線地圖功能，下載赫爾辛基的地圖，如此一來在沒有Wi-Fi的地方也能知道自己的位置，非常方便。

交通APP
HSL
透過這個APP可以直接購買赫爾辛基市內路面電車、火車、地鐵、公車、渡輪的票券。

貨幣APP
Currency Lite
可以查詢全世界的貨幣兌換成台幣是多少錢。購物時非常有用。

翻譯APP　Google翻譯
可以輸入文字翻譯，也能用相機讀取芬蘭文並翻譯出來。在餐廳看不懂菜單時非常方便。

分攤付款APP　Splitwise
只要輸入付款總金額，就會自動計算出誰需要付多少錢。也能指定貨幣，非常適合在和別人一起旅行時使用！

電動滑板車租借APP
Voi
提供粉紅色電動腳踏車租借服務的APP（在P150曾派上用場）。只要在第一次使用時輸入信用卡資訊，再掃描電動腳踏車的QR code就可以了。

照片共享APP
Instagram
可以利用標籤查詢其他人去過的好地方，我會在上面尋找美味的餐廳或蒐集旅遊資訊！不知道要帶什麼衣服去旅行時，還可以參考當地實際的服裝搭配。推薦這幾個標籤「#helsinkirestaurants」、「#myhelsinki」

機票、飯店預訂APP
Expedia
可以預訂機票和飯店的APP。也提供搜尋當晚住宿的服務，非常方便。

住宿預訂APP
Airbnb
可以租借房間、度假小屋，以及預約當地的活動。

關於Wi-Fi

當地SIM卡
芬蘭電信公司「DNA」的SIM卡，用5天網路吃到飽只要5€，便宜到不行！這款SIM卡在一間叫R-kioski的便利商店就有賣，建議抵達芬蘭後，在機場內的R-kioski馬上購買。

DNA
5€
Rajaton
Prepaid 4G

公用Wi-Fi
順帶一提，STOCKMANN百貨公司裡有免費Wi-Fi，我在開始使用SIM卡之前，每次都會在STOCKMANN連Wi-Fi上網。飯店或R-kioski也有免費Wi-Fi，在赫爾辛基市區不會完全斷網。

如果遇到突發狀況……

若是遇到突發狀況，請參考本頁內容。

芬蘭注意事項

芬蘭在歐洲算是治安非常好的國家，不過近年首都赫爾辛基的移居者和失業者愈來愈多，導致犯罪率提高，常常看到醉漢群聚。在晚上的公園或醉漢多的地方尤其要小心扒手。遇到跨年倒數等活動時，晚上人很多，醉漢也很多，要留意別惹上麻煩。

緊急聯絡電話

●在台灣

・芬蘭商務辦事處… 02-8729-1231

●在芬蘭

・駐芬蘭台北代表處… 040-545-5429 (＋358-40-545-5429)

・警察／消防／救護車… 112

物品遺失或遭竊時

●若是物品遭竊或遺失，可向警察申請損害證明書（申請海外旅行平安險的理賠或補發保單的時候會用到）。

●若是護照遺失，請攜帶警察發行的證明書＋護照專用照片2張，至駐芬蘭台北代表處辦理換發。

●若是信用卡遺失，請立刻聯絡信用卡公司，辦理停用和換發手續。辦理手續時會需要卡號和有效期限等資訊，建議在出發前先掌握好這些資訊。

生病或受傷時

●如果沒有保海外旅行平安險，基本上在國外旅行時的醫藥費要自己全額負擔。

●如果有保險，第一步先打電話給保險公司，請他們介紹有合作的醫院。幾乎所有的保險公司都有提供24小時緊急協助服務。

JAPAN

●即使沒有保險，遇到緊急狀況也可以打電話給消防署（112），叫救護車送醫。

需要向人求助時

●想問路時可以說：「Anteeksi！」（不好意思），再打開地圖和Google翻譯與對方溝通。

Anteeksi！

●想求助時可以喊：「Apua！」（幫幫我！）

●要表示拒絕時喊：「Lopeta！」（住手！不要！）

Apua!!

結語

「有哪些地方你下次一定還要去？」、「對你來說什麼是不可或缺的？」
根據這些問題抽絲剝繭歸納出的答案，充滿了我無條件的愛。

我很喜歡看著喜歡的人開心地談論自己熱中的事物。
總覺得那份熱愛會傳染給我，讓我也想去嘗試。

我的芬蘭朋友們基本上都沉默寡言，
可是一旦談到自己熱愛的事情，就會變得面紅耳赤，話也多了起來。
看著這樣可愛的他們，我由衷感到幸福。

「跟大家不一樣也沒關係，珍視自己真正熱愛的事物是一件非常棒的事情。」
芬蘭人讓我了解了這個道理。

我的日常中，也融入了許多「我喜歡的人所喜歡的事物」。
比如說大家熱愛的漢堡、甘草伏特加、洗手乳……
這些事物連同「那個人」的故事一起成了我的珍寶。

當然，還有一些漏網之魚沒能成為我的日常。
正因為如此，這些被保留下來的日常，才能展現出我的「風格」。

不需要符合他人的標準，自己的旅行和人生，自己做決定就好。
有時候，透過喜歡上別人熱愛的事物來了解自己，也是一件不錯的事。

希望能有更多的人開始珍視自己「喜歡的事物」。

也希望這些「喜歡的事物」在不斷累積之下，
能成為你和心靈綠洲之間的橋樑。
只要有這個心靈綠洲般的地方存在，一切都會沒問題的。

讀了這本書的大家，都擁有哪些熱愛的事物呢……？
如果有一天能一起聊聊這個話題，那就太好了。

非常感謝翻開本書閱讀的各位讀者。
下次再在其他地方相會吧，kiitos&moimoi！

周末北歐部chika

ACROSS 067

【插圖版】芬蘭旅行日常指南

マイフィンランドルーティン 100

作　　者　周末北歐部 chika
譯　　者　王綺
責任編輯　陳詠瑜
校　　對　聞若婷
行銷企畫　林欣梅
封面設計　FE 工作室
內頁編排　FE 工作室
編輯總監　蘇清霖
董 事 長　趙政岷
出 版 者　時報文化出版企業股份有限公司
　　　　　一〇八〇一九臺北市和平西路三段二四〇號三樓
發行專線　（〇二）二三〇六－六八四二
讀者服務專線　〇八〇〇－二三一－七〇五
　　　　　　　（〇二）二三〇四－七一〇三
讀者服務傳真　（〇二）二三〇四－六八五八
郵　　撥　一九三四四七二四時報文化出版公司
信　　箱　一〇八九九臺北華江橋郵局第九九信箱
時報悅讀網　http://www.readingtimes.com.tw
電子郵件信箱　newstudy@readingtimes.com.tw
時報出版愛讀者粉絲團　https://www.facebook.com/readingtimes.2
法律顧問　理律法律事務所陳長文律師、李念祖律師
印　　刷　和楹印刷有限公司
初版一刷　二〇二三年二月十日
定　　價　新臺幣四二〇元
（缺頁或破損的書，請寄回更換）

時報文化出版公司成立於一九七五年。
一九九九年股票上櫃公開發行；二〇〇八年脫離中時集團非屬旺中，
以「尊重智慧與創意的文化事業」為信念。

(插圖版)芬蘭旅行日常指南 / 周末北歐部 chika
著；王綺譯. -- 初版. -- 臺北市：時報文化出版企業股份有限公司, 2023.02
224 面；14.8*21 公分. -- (Across；67)
譯自：マイフィンランドルーティン 100

ISBN 978-626-353-299-1(平裝)

1.CST: 遊記 2.CST: 芬蘭

747.69　　111020476

KARHU

ISBN 978-626-353-299-1
Printed in Taiwan